La profession de Mme Warren

Bernard Shaw

Writat

Cette édition parue en 2024

ISBN : 9789359944647

Publié par
Writat
email : info@writat.com

Contenu

LES EXCUSES DE L'AUTEUR

Mme Warren a enfin été accomplie, après un retard de huit ans seulement ; et j'ai une fois de plus partagé avec Ibsen l'amusement triomphal de surprendre tous les critiques de théâtre londoniens, sauf les plus forts, hors de l'exercice de leur profession. Aucun auteur n'a jamais connu l'exultation d'envoyer la presse dans un tumulte hystérique de protestation, de panique morale, d'aveu involontaire et frénétique de péché, d'horreur de conscience dans laquelle le pouvoir de distinguer l'œuvre d'art sur scène et la vie réelle du spectateur est confuse et bouleversée, il se souciera toujours des compliments stéréotypés que toute farce ou mélodrame à succès suscite dans les journaux. Donnez-moi ce critique qui s'est précipité hors de ma pièce pour déclarer avec fureur que Sir George Crofts devait être expulsé. Quel triomphe pour l'acteur de réduire ainsi un journaliste londonien blasé à la condition du simple marin de la galerie Wapping, qui crie des exécrations à Iago et avertit Othello de ne pas le croire ! Mais plus précieux encore que cette simplicité est ce sentiment de choc soudain contre les fondements de la moralité qui envoie une foule pâle de critiques dans la rue criant que les piliers de la société se fissurent et que la ruine de l'État est proche. Même les champions d'Ibsen d'il y a dix ans me font des remontrances, tout comme les vétérans de ces jours courageux le faisaient avec eux. M. Grein, le robuste iconoclaste qui a été le premier à lancer mes pièces sur scène aux côtés de Ghosts et The Wild Duck, s'est exclamé que j'avais brisé ses idéaux. En fait, ses idéaux ! Que dirait le Dr Relling ? Et M. William Archer lui-même me renie parce que je « ne peux pas toucher au terrain sans m'y vautrer ». En vérité, ma pièce doit être plus nécessaire que je ne le pensais ; et pourtant je pensais savoir à quel point les autres en savent peu.

Il ne faut cependant pas croire que la consternation de la presse reflète une quelconque consternation du grand public. N'importe qui peut contrarier les critiques de théâtre, d'un simple tour de poignet, en substituant aux lieux communs romantiques de la scène les lieux communs moraux de la chaire, de l'estrade ou de la bibliothèque. Jouez la Profession de Mme Warren devant un public composé de membres du clergé de l'Union chrétienne-sociale et de femmes expérimentées dans le travail de sauvetage, de tempérance et de clubs de filles, et aucune panique morale ne surgira ; tous les hommes et toutes les femmes présents sauront que tant que la pauvreté rendra la vertu hideuse et que l'argent de poche du riche célibat rendra le vice éblouissant, leur lutte quotidienne au corps à corps contre la prostitution par la prière et la persuasion, des abris et de maigres aumônes, sera un perdant. Il fut un temps où ils pouvaient affirmer que, même si « l'usine de céruse où Anne Jane a été empoisonnée » est peut-être un endroit bien plus terrible que la maison de Mme Warren, l'enfer est encore plus terrible. Aujourd'hui, ils ne croient plus à l'enfer ; et les jeunes filles auprès desquelles ils travaillent savent qu'elles n'y croient pas et qu'elles se moqueraient d'elles si elles y croyaient. Les sauveteurs ont si bien appris que la défense de Mme Warren contre elle-même et la mise en accusation de la société sont ce qui a le plus besoin d'être dit, que ceux qui me connaissent personnellement me reprochent, non pas d'avoir écrit cette pièce, mais de gaspiller mon énergie dans des « pièces agréables » pour l'amusement des gens frivoles, quand je peux construire d'aussi excellents sermons scéniques sur leur propre travail. La Profession de Mme Warren est la seule de mes pièces que je pourrais soumettre à une censure sans doute sur le résultat ; seulement, il ne doit pas s'agir d'une censure du petit critique de théâtre, ni d'un fonctionnaire de justice innocent comme le Lord Chamberlain's Examiner, et encore moins de personnes qui profitent consciemment de la profession de Mme Warren, ou qui en font personnellement usage, ou qui détiennent le pouvoir. On murmure largement qu'il s'agit d'une soupape de sécurité indispensable à la protection de la vertu domestique, ou, surtout, qui sont épris d'une affection sentimentale pour notre sœur déchue et qui « la prendraient tendrement, la soulèveraient avec soin, façonnée ainsi ». mince, jeune et TELLEMENT juste. Je ne suis pas non plus prêt à accepter le verdict des médecins qui assainiraient et enregistreraient obligatoirement Mme Warren, tout en laissant les clients de Mme Warren, en particulier ses clients militaires, libres de détruire sa santé et celle de quiconque sans crainte de représailles. Mais je serais tout à fait content de voir ma pièce jugée, par exemple, par un comité mixte de la Société centrale de vigilance et de l'Armée du Salut. Et plus les membres du comité étaient des moralistes sévères, mieux c'était.

Certains des journalistes que j'ai choqués raisonnent si mal qu'ils n'en retirent rien d'autre que l'idée confuse que j'accuse l'Association Nationale de Vigilance et l'Armée du Salut de complicité dans ma propre immoralité scandaleuse. Il leur semblera que ceux qui supporteraient cette pièce supporteraient n'importe quoi. Ils se trompent complètement. Un public tel que celui que j'ai décrit serait révolté par nombre de nos pièces à la mode. Ils quitteraient le théâtre convaincus que le Plymouth Brother, qui considère encore le théâtre comme l'une des portes de l'enfer, est peut-être le conseiller le plus sûr sur un sujet qu'il connaît si peu. Si je n'arrive pas à la même conclusion, ce n'est pas parce que je fais partie de ceux qui prétendent que l'art est exempté des obligations morales, et nient que l'écriture ou la représentation d'une pièce de théâtre soit un acte moral, à traiter exactement de la même manière. être considéré comme un vol ou un meurtre s'il entraîne des conséquences tout aussi néfastes. Je suis convaincu que les beaux-arts sont l'instrument de propagande morale le plus subtil, le plus séduisant et le plus efficace au monde, à l'exception du seul exemple de conduite personnelle ; et je renonce même à cette exception en faveur de l'art de la scène, parce qu'il fonctionne en exposant des exemples de conduite personnelle rendus intelligibles et émouvants à des foules de gens inobservateurs et irréfléchis pour qui la vie réelle ne signifie rien. J'ai souligné à maintes reprises que l'influence du théâtre en Angleterre est si grande que, tandis que la conduite privée, la religion, le droit, la science, la politique et la morale deviennent de plus en plus théâtrales, le théâtre lui-même reste imperméable au bon sens. religion, science, politique et morale. C'est pourquoi je combats le théâtre, non pas avec des brochures, des sermons et des traités, mais avec des pièces de théâtre ; et je trouve la méthode dramatique si efficace que je suis convaincu que je parviendrai enfin à persuader même Londres d'emporter sa conscience et son cerveau avec lui quand il va au théâtre, au lieu de les laisser chez eux avec son livre de prières comme il le fait. fait actuellement. Par conséquent, je suis le dernier homme au monde à nier que si l'effet net de l'exercice de la profession de Mme Warren était une augmentation du nombre de personnes accédant à cette profession, son exercice devrait être traité en conséquence.

Voyons maintenant comment un tel recrutement peut être encouragé par le théâtre. Rien de plus simple. Que le King's Reader of Plays, soutenu par la presse, édicte un règlement non écrit mais parfaitement compris selon lequel les membres de la profession de Mme Warren ne seront tolérés sur la scène que lorsqu'ils sont beaux, habillés de manière exquise et somptueusement hébergés et nourris ; aussi qu'à la fin de la pièce, ils mourront de phtisie sous les larmes de sympathie de tout le public, ou entreront dans la pièce voisine pour se suicider, ou du moins seront chassés par leurs protecteurs et envoyés pour être « rachetés ». » par d'anciens et fidèles amants qui les ont adorés malgré leurs légèretés. Naturellement, les filles les plus pauvres de la galerie croiront à la beauté, aux robes exquises et à la vie luxueuse, et verront qu'il n'y a aucune nécessité réelle de consommation, de suicide ou d'expulsion : de simples formes pieuses, toutes de eux, pour sauver la face du censeur. Même si ces catastrophes purement officielles emportaient une quelconque conviction, la majorité des jeunes filles anglaises restent si pauvres, si dépendantes, si conscientes que les corvées d'un travail aussi honnête qu'elles sont à leur portée sont susceptibles de les conduire éventuellement à une maladie pulmonaire, à une mort prématurée. , et l'abandon domestique ou la brutalité, qu'ils auraient encore des raisons de préférer le chemin de la primevère au chemin étroit de la vertu, puisque les deux, le vice au pire et la vertu au mieux, conduisent au même but dans la pauvreté et le surmenage. Il est vrai que la maîtresse du Board School vous dira que seules les filles d'un certain genre raisonneront ainsi. Mais hélas! l'enquête révèle que cette certaine sorte est simplement la sorte jolie et délicate : c'est-à-dire la seule qui a la possibilité d'agir selon un tel raisonnement. Lisez le premier rapport de la Commission sur le logement des classes ouvrières [Bluebook C 4402, 8d., 1889] ; lire le rapport sur les industries domestiques (mot sacré, Home !)

publié par le Women's Industrial Council [Home Industries of Women in London, 1897, 1s., 12 Buckingham Street, WC] ; et demandez-vous si, si le sort qui y est décrit était votre sort, vous ne préféreriez pas le sort de Cléopâtre, de Théodora, de la Dame aux Camélias, de Mme Tanqueray, de Zaza, d'Iris. Si vous parvenez à approfondir suffisamment les choses pour pouvoir dire non, combien de filles ignorantes et à moitié affamées croiront que vous parlez sincèrement ? Pour eux, le sort d'Iris est paradisiaque en comparaison du leur. Pourtant, notre roi, comme ses prédécesseurs, dit au dramaturge : « Ainsi, et ainsi seulement, présenterez-vous la profession de Mme Warren sur scène, ou vous mourrez de faim. Témoin Shaw, qui a dit la vérité peu tentante à ce sujet, et que nous, par la grâce de Dieu, refusons et supprimons en conséquence, et faisons ce qui en nous ment pour faire taire. Heureusement, Shaw ne peut pas être réduit au silence. « Le cri de la prostituée de rue en rue » est plus fort que les voix de tous les rois. Je ne dépends pas du théâtre et je ne peux pas me priver de faire de ma pièce une publicité permanente du côté attrayant des affaires de Mme Warren.

Ici, je dois me prémunir contre un malentendu. Ce n'est pas la faute de leurs auteurs si la longue série de tragédies gratuites, depuis Antoine et Cléopâtre jusqu'à Iris, sont des pièges pour les pauvres filles, et sont critiquées pour cette raison par de nombreux hommes et femmes sérieux qui considèrent la profession de Mme Warren comme un excellent sermon. . M. Pinero n'est en aucun cas tenu de cacher le fait que son Iris est une personne enviée par des millions de femmes meilleures. S'il rendait sa pièce fausse en inventant pour elle des désavantages fictifs, il agirait avec autant de scrupules que n'importe quel écrivain de tract. Si la société choisit de mieux subvenir aux besoins de ses iris que de ceux de ses travailleuses, elle ne doit pas s'attendre à ce que d'honnêtes dramaturges fabriquent de fausses preuves pour sauver son crédit. Le mal réside dans la suppression délibérée de l'autre côté de l'affaire : le refus de permettre à Mme Warren d'exposer la corvée et la répulsion du travail contre rémunération parmi des ivrognes grossiers et fastidieux ; la volonté de ne pas laisser entrer sur scène la Parisienne des Avaries de Brieux et imposer aux gens ce que ses maladies signifient pour elle et pour eux-mêmes. Tout cela, dit en effet le King's Reader, est horrible, répugnant.

Justement : qu'attend-il que ce soit ? voudrait-il que nous le représentions comme beau et gratifiant ? La réponse à cette question, je le crains, doit être un oui catégorique ; car il semble impossible d'extirper de l'esprit d'un Anglais l'idée que le vice est délicieux et que s'en abstenir est une privation. En tout cas, tant que son côté tentant est gardé envers le public et adouci par beaucoup de sentiment et de sympathie, il est bien accueilli par notre censeur, alors que la moindre tentative de le placer à la lumière de la lanterne du policier ou de la L'abri de l'Armée du Salut est immédiatement mis en échec, car il est non seulement dégoûtant, mais, s'il vous plaît, inutile.

Tout le monde admettra, je l'espère, que cet état de choses est intolérable ; que le sujet de la profession de Mme Warren devait être soit entièrement tapu , soit exposé avec le côté avertisseur aussi librement affiché que le côté tentant. Mais beaucoup de personnes voteront pour un tapu complet et un balayage impartial des conseils d'administration de Mme Warren, Gretchen et des autres ; bref, pour avoir banni complètement les pulsions sexuelles de la scène. Ceux qui pensent que cela est impossible peuvent difficilement avoir pris en compte le nombre et l'importance des sujets qui sont effectivement bannis de la scène. De nombreuses pièces de théâtre, parmi lesquelles Lear, Hamlet, Macbeth, Coriolanus, Jules César, ne présentent aucune complication sexuelle : le fil de leur action peut être suivi par des enfants qui ne pouvaient pas comprendre une seule scène du Profession de Mme Warren ou d'Iris. Aucune de nos pièces ne suscite la sympathie du public par une exposition des douleurs de la maternité, comme le font constamment les pièces chinoises. Chaque nation possède son propre ensemble de tapus en plus du stock humain commun ; et bien que chacun de ces tapus limite la portée du dramaturge, il ne rend pas le drame impossible. Si l'Examinateur refusait d'autoriser des pièces mettant en scène des personnages féminins, il ne ferait que faire à la scène ce que nos coutumes tribales font déjà à la chaire et au bar. J'ai moi-même écrit une pièce assez amusante avec une seule femme, et elle est de tout cœur ; et je pourrais tout aussi bien écrire une pièce sans aucune femme. J'irai même jusqu'à promettre mon soutien à M. Redford s'il introduisait cette limitation pendant une partie de l'année, par exemple pendant le Carême, afin de fermer la saison pour le plus ennuyeux des sujets dramatiques, l'adultère, et de forcer notre directeurs et auteurs pour découvrir ce que tous les grands dramaturges découvrent spontanément : à savoir que les gens qui sacrifient toute autre considération à l'amour sont aussi désespérément peu héroïques sur scène que les fous ou les dipsomanes. Hector est le héros du monde ; ni Paris ni Antoine.

Mais même si je ne mets pas en doute la possibilité d'un drame dans lequel l'amour devrait être aussi efficacement ignoré que le choléra l'est actuellement, il n'y a pas la moindre chance de sortir ainsi de la difficulté rencontrée par M. Redford . S'il le tentait, il y aurait une révolte dans laquelle il serait emporté malgré mes efforts solitaires pour le défendre. Un tapu complet est politiquement impossible. Une tolérance totale est également impossible à M. Redford, car son métier disparaîtrait s'il n'y avait pas de tapu à imposer. Il est donc contraint de maintenir le compromis actuel d'un tapu partiel , appliqué, au meilleur de son jugement, dans le plus grand respect des personnes et de l'opinion publique. Et une solution anglaise très sensée à la difficulté aussi, diront la plupart des lecteurs. Je ne contesterais pas si les poètes dramatiques étaient réellement ce que l'opinion publique anglaise suppose généralement qu'ils étaient de leur vivant : c'est-à-dire un groupe licencieusement irrégulier que l'on maintenait en ordre de manière grossière et immédiate par un magistrat qui ne supportait aucune absurdité. eux. Mais je ne peux pas admettre que la classe représentée par Eschyle , Sophocle, Aristophane, Euripide, Shakespear, Goethe, Ibsen et Tolstoï, sans parler de nos propres dramaturges contemporains, soit autant en place dans le bureau de M. Redford qu'un pickpocket l'est dans Bow Street. . En outre, il n'est pas vrai que la censure, bien qu'elle supprime certainement Ibsen et Tolstoï, et qu'elle supprimerait Shakespear sans la règle absurde selon laquelle une pièce une fois autorisée l'est toujours (de sorte que Wycherly est autorisé et Shelley interdit), supprime également les dramaturges sans scrupules. . Je mets au défi M. Redford de mentionner toute forme d'inconduite sexuelle extrême que tout manager sensé risquerait de présenter sur la scène londonienne et qui n'a pas été présentée sous sa licence et celle de son prédécesseur. En fait, le compromis penche en pratique en faveur des jeux libres plutôt qu'en faveur des jeux sérieux.

Pour être convaincu de ce point, je prendrai la décision extrême de raconter les intrigues de deux pièces que j'ai vues au cours des dix dernières années dans les théâtres du West End de Londres, l'une sous licence du défunt Queen Victoria's Reader of Plays, l'autre par le présent Lecteur du Roi. Les deux intrigues sont conformes aux règles les plus strictes de l'époque où La Dame aux Camélias était encore une pièce interdite, et où La Seconde Mme Tanqueray n'aurait été tolérée qu'à condition qu'elle explique soigneusement au public que lorsqu'elle a rencontré le capitaine Ardale, elle a péché. » mais dans l'intention.

Jouez au numéro un. Un prince est contraint par ses parents d'épouser la fille d'un roi voisin, mais il aime une autre jeune fille. La scène représente une salle du palais du roi la nuit. Le mariage a eu lieu ce jour-là ; et la porte fermée de la chambre nuptiale est à la vue de l'audience. A l'intérieur, la princesse attend son époux. Une duègne est présente. Le marié entre. Son seul désir est d'échapper à un mariage qui lui est odieux. Une idée lui vient. Il va agresser la duègne, et se faire expulser ignominieusement du palais par son beau-père indigné. À sa grande horreur, lorsqu'il entreprend ce stratagème, la duègne, loin de sonner l'alarme, est flattée, ravie et docile. L'agresseur devient l'agressé. Il la jette à terre avec colère, où elle reste placidement. Il vole. Le père entre ; renvoie la duègne ; et il écoute par le trou de la serrure de la chambre nuptiale de sa fille, prononçant diverses plaisanteries, et déclarant avec un frisson qu'un bruit de baiser, qu'il suppose venir de l'intérieur, lui fait se sentir rajeunir.

En dépréciation de l'étonnement scandalisé avec lequel une histoire comme celle-ci sera lue, je peux seulement dire qu'elle n'a été présentée sur scène que lorsque son opportunité a été certifiée par le principal officier de la maison de la reine d'Angleterre.

Histoire numéro deux. Un officier allemand se retrouve dans une auberge avec une Française qui a blessé sa vanité nationale. Il décide de l'humilier en commettant un viol sur elle. Il annonce son objectif. Elle remontre, implore, vole vers les portes et les trouve verrouillées, appelle à l'aide et n'en trouve aucune à portée de main, court en criant d'un côté à l'autre et, après une scène déchirante, est maîtrisée et s'évanouit. Rien de plus n'étant possible sur scène sans véritable crime, l'officier cède alors et la quitte. Lorsqu'elle récupère, elle croit qu'il a mis sa menace à exécution ; et pendant le reste de la pièce, elle est représentée comme jurant vainement de se venger de lui, alors qu'elle tombe réellement amoureuse de lui sous l'influence de son crime imaginaire contre elle. Finalement elle consent à l'épouser ; et le rideau tombe sur leur bonheur.

Cette histoire a été certifiée par l'actuel King's Reader, agissant au nom du Lord Chamberlain, comme nulle dans sa tendance générale à « quoi que ce soit d'immoral ou d'autrement inapproprié pour la scène ». Mais que personne ne conclue donc que M. Redford est un monstre dont la politique consiste à dépraver le théâtre. En fait, les deux histoires ci-dessus sont tout à fait recevables du point de vue officiel. Les incidents sexuels qu'ils contiennent, bien que poussés dans les deux cas à l'extrême point où une autre étape serait traitée, non par le King's Reader, mais par la police, n'impliquent pas d'adultère, ni aucune allusion à la profession de Mme Warren, ni au fait que les enfants de tout groupe polyandre seront inévitablement confrontés, en grandissant, comme ceux du groupe de Mme Warren dans ma pièce, au problème insoluble de leur propre consanguinité possible. En bref, en s'appuyant entièrement sur les humeurs grossières et la fascination physique du sexe, ils se conforment à toutes les exigences formulées par la censure, alors que les pièces dans lesquelles ces humeurs et ces fascinations sont écartées et où les problèmes sociaux créés par le sexe sont sérieusement affrontés et traités. avec, ignorent inévitablement la formule officielle et sont supprimés. Si l'ancienne règle interdisant l'exposition de relations sexuelles illicites sur scène était rétablie et si le sujet était absolument exclu, le seul résultat serait qu'Antoine et Cléopâtre, Othello (à cause de l'épisode de Bianca), Troilus et Cressida, Henri IV, Mesure pour Mesure, Timon d'Athènes, La Dame aux Camélias, Le débauché, La Seconde Mme Tanqueray, La Notoire Mme Ebbsmith , The Gay Lord Quex , Mrs Dane's Defense et Iris seraient balayés de la scène et placés sous la même interdiction que Dominion of Darkness et Mrs Warren's Profession de Tolstoï, tandis que des pièces comme les deux décrites ci-dessus auraient le monopole de la scène. le théâtre en ce qui concerne l'intérêt sexuel.

Qui plus est, le caractère répugnant des pires pièces certifiées protégerait la censure contre une exposition et une critique efficaces. Il n'y a pas longtemps, une revue américaine de haut rang m'a demandé un article sur la censure de la scène anglaise. Je lui ai répondu qu'un tel article comporterait des passages trop désagréables pour être publiés dans une revue destinée à la lecture familiale générale. L'éditeur persista néanmoins ; mais ce n'est que lorsqu'il s'est déclaré prêt à y faire face et s'est engagé à insérer l'article tel quel (la particularité de l'engagement s'étendant même à la spécification du nombre exact de mots dans l'article) que j'ai consenti à cette proposition. Quel a été le résultat ?

Le rédacteur en chef, confronté aux deux histoires citées ci-dessus, a jeté sa promesse aux vents et, au lieu de rendre l'article, l'a imprimé avec les exemples illustratifs omis, et il ne restait plus que l'argument des principes politiques contre la censure. Ce faisant, il a tiré sur ma bordée après avoir retiré les boulets de canon ; car ni le censeur ni aucun autre Anglais, à l'exception peut-être de M. Leslie Stephen et de quelques autres vétérans de la vieille garde déclinante du benthamisme, ne se soucient des principes politiques. Le Britannique ordinaire pense que si tous les autres Britanniques ne sont pas maintenus sous une forme de tutelle, la plus puérile sera le mieux, il abusera vicieusement de sa liberté. Quant à son principe, la censure est l'institution la plus populaire en Angleterre ; et le dramaturge qui le critique est considéré comme un voyou militant pour l'impunité. Par conséquent, rien ne peut vraiment ébranler la confiance du public dans le département du Lord Chamberlain, sauf une narration impitoyable et sans embûches des fictions licencieuses qui glissent à travers ses filets et sont marquées par lui avec l'approbation du trône. Mais comme ces récits ne peuvent être rendus publics sans grandes difficultés, en raison de l'obligation qui incombe à l'éditeur de ne pas traiter à l'improviste de sujets qui ne sont pas *virginibus. puérisque* , les chances sont grandes en faveur que le Censeur échappe à toute remontrance. À l'exception des commentaires que j'ai pu faire dans mes propres articles critiques dans The World et The Saturday Review lors de la première production des pièces que j'ai décrites, et de quelques protestations ignorantes de la part d'ecclésiastiques contre des pièces bien meilleures qu'ils avouaient avoir jouées. ni vu ni lu, rien n'a été dit dans la presse qui pourrait sérieusement perturber l'idée décontractée selon laquelle la scène serait bien pire qu'elle ne l'est certes sans la vigilance du Lecteur du Roi. La vérité est qu'aucun gérant n'oserait produire sous sa propre responsabilité les pièces pour lesquelles il peut désormais obtenir des certificats royaux à deux guinées pièce.

Je m'empresse d'ajouter que je crois que ces maux sont inhérents à la nature de toute censure et ne sont pas simplement une conséquence de la forme que prend l'institution à Londres. Il y a sans aucun doute une absurdité stupéfiante à nommer un commis ordinaire pour veiller à ce que les dirigeants de la littérature européenne ne corrompent pas les mœurs de la nation et pour empêcher Sir Henry Irving, en tant que voyou et vagabond, de prétendre se faire passer pour Samson ou David. sur scène, bien que n'importe quel autre type d'artiste puisse barbouiller ces figures scripturaires sur un panneau ou les graver sur une pierre tombale sans entrave. Si le Conseil médical général, le Collège royal des médecins, la Royal Academy of Arts, l'Incorporated Law Society et la Convocation étaient abolis et que leurs fonctions étaient confiées à M. Redford, le Concert de l'Europe déclarerait probablement l'Angleterre folle et traiterait elle en conséquence. Pourtant, bien que ni la médecine, ni la peinture, ni le droit, ni l'Église ne façonnent le caractère de la nation aussi puissamment que le théâtre, rien ne peut apparaître sur scène à moins que ses dimensions ne permettent de passer par l'esprit de M. Redford ! Ne pensez pas que je remette en question l'honnêteté de M. Redford. Je suis tout à fait sûr qu'il me considère sincèrement comme un canaille, et ma pièce comme une pièce tout à fait inappropriée, car, comme le Dominion des Ténèbres de Tolstoï, elle produit, comme elles sont toutes deux censées produire, une impression très forte et très douloureuse du mal. Je ne doute pas un instant que la pièce de rapine que j'ai décrite et dont il a autorisé l'enregistrement était tout à fait incapable, sous forme manuscrite, de produire le moindre effet particulier sur son esprit, et que lorsqu'il fut une fois convaincu que le héros mal conduit était un officier allemand et non anglais, il passa devant la pièce sans en étudier les tendances morales. Même s'il avait entrepris cette étude, il n'y a pas plus de raisons de supposer qu'il est un moraliste compétent que je ne suis un mathématicien compétent. Mais en réalité, peu importe qu'il soit moraliste ou non. Que personne ne rêve un seul instant que ce qui ne va pas avec la censure est le défaut de l'homme qui, à tout moment, fait office de censeur. Remplacez-le demain par une Académie des lettres et une Académie de poésie dramatique, et le filtre nouveau et élargi exclura encore les œuvres originales et qui font époque, tout en passant sans conteste les œuvres conventionnelles, démodées et vulgaires. Le conclave qui compile l'index de l'Église catholique romaine est la censure la plus auguste, la plus ancienne, la plus érudite, la plus célèbre et la plus autorisée d'Europe. Est-il plus éclairé, plus libéral, plus tolérant que la fonction relativement infinitésimale du Lord Chamberlain ? Au contraire, elle s'est réduite à un degré d'absurdité qui fait d'une université catholique une contradiction dans les termes. Toutes les censures existent pour empêcher quiconque de remettre en cause les conceptions actuelles et les institutions existantes. Tout progrès est initié en remettant en question les concepts actuels et exécuté en supplantant les institutions existantes. La première condition du progrès est donc la suppression des censures. Voilà en résumé toute l'argumentation contre la censure.

On se demandera si les directeurs de théâtre doivent être autorisés à produire ce qu'ils veulent, sans égard à l'intérêt public. Mais ce n'est pas l'alternative. Les gérants de nos music-halls londoniens ne sont soumis à aucune censure. Ils organisent leurs divertissements sous leur propre responsabilité et n'ont pas de certificat de deux guinées pour plaider si leurs maisons sont mal gérées. Ils savent que s'ils perdent leur caractère, le Conseil départemental refusera tout simplement de renouveler leur permis à la fin de l'année ; et rien dans l'histoire de l'art populaire n'est plus étonnant que l'amélioration des music-halls que ce simple arrangement a produit en quelques années. Mettez les théâtres sur le même pied, et nous aurons bientôt une révolution semblable : toute une classe de pièces franchement canailles, dans lesquelles de bas comédiens sans scrupules attirent les foules pour contempler des bandes de filles qui n'ont rien à exhiber que leur joliesse, disparaîtront comme les chansons obscènes qui étaient censées égayer la monotonie sordide , incroyable pour la jeune génération, des music-halls il y a quinze ans. En revanche, des pièces de théâtre qui traitent les questions sexuelles comme des problèmes de réflexion plutôt que comme des aphrodisiaques seront jouées librement. Les hommes partageant les idées de M. Redford auront de nombreuses occasions de protester contre ces idées au Conseil ; mais le résultat sera que M. Redford retrouvera son niveau naturel ; Ibsen et Tolstoï les leurs ; donc aucun mal ne sera fait.

Cette question de la censure me rappelle que je dois m'excuser auprès de ceux qui se sont rendus à la récente représentation de Mrs Warren's Profession en espérant y trouver ce que je viens d'appeler un aphrodisiaque. Ce n'était pas ma faute; c'était celui de M. Redford. D'après les exemples que j'ai donnés de la tolérance de son département, il était assez naturel pour des gens irréfléchis de conclure qu'une pièce qui outrepassait son indulgence devait être en effet une pièce très excitante. En conséquence, je trouve un critique si explicite quant à la nature de sa déception qu'il dit franchement que « des propos aussi légers que ceux qui existent sur le sujet sont tout à fait indignes d'être acceptés comme étant une représentation de ce que pensent ou font les gens qui ont du sang en eux ». de telles occasions. Ainsi suis-je écrasé entre la meule supérieure de M. Redford, qui me considère comme un libertin, et le critique populaire inférieur, qui me considère comme un prude. Les critiques de tous niveaux et de tous âges, les pères de famille d'âge moyen tout autant que les jeunes passionnés ardents, s'indignent également contre moi. Ils me insultent comme manquant de passion, de sentiments, de virilité. Certains d'entre eux résument même le tout en me refusant tout pouvoir dramatique : une mélancolique trahison de ce que le pouvoir dramatique est devenu sur notre scène sous la censure ! Puis-je m'attendre à ce que je m'abstienne de rire du spectacle d'un certain nombre d'hommes respectables se lamentant parce qu'un dramaturge les attire au théâtre en leur promettant d'exciter leurs sens d'une manière très particulière et sensationnelle, puis, après les avoir piégés dans un environnement exceptionnel, nombres, continue d'ignorer leurs sens et d'améliorer impitoyablement leur esprit ? Mais je proteste encore une fois que l'appât n'était pas le mien. La pièce était imprimée depuis quatre ans ; et je n'ai ménagé aucun effort pour faire savoir que mes pièces sont construites pour susciter, non une rêverie voluptueuse mais un intérêt intellectuel, non une rhapsodie romantique mais une préoccupation humaine. En conséquence, je ne vois pas les critiques doués d'appétit intellectuel et de conscience politique se plaindre de leur manque de puissance dramatique. Ils protestent plutôt, non sans raison, contre quelques rechutes dans la mise en scène et la caricature qui trahissent le jeune dramaturge et le vieux spectateur de mes premières œuvres.

Quant aux voluptueux, je peux les assurer que le dramaturge, qu'il soit moi ou un autre, les décevra toujours. Le drame ne peut pas faire grand-chose pour ravir les sens : tous les exemples apparents du contraire sont des exemples de la fascination personnelle des interprètes. Le drame du sentiment pur n'est plus entre les mains du dramaturge : il a été conquis par le musicien, aux enchantements duquel tous les arts verbaux semblent froids et dociles. Roméo et Juliette avec la plus belle Juliette est sec, fastidieux et rhétorique en comparaison du Tristan de Wagner, même si Isolde a quatorze et quarante ans, comme elle l'est souvent en Allemagne. En fait, il n'avait pas besoin de Wagner pour en convaincre le public. La sentimentalité voluptueuse du Faust de Gounod et de Carmen de Bizet a captivé le spectateur ordinaire ; et il n'y a clairement plus d'avenir pour aucun drame sans musique, à l'exception du drame de la pensée. La tentative de produire un genre d'opéra sans musique (et c'est à cette absurdité que nos théâtres à la mode se livrent depuis longtemps sans le savoir) est bien moins encourageante que ma propre détermination à accepter le problème comme le matériau normal du drame.

Que cette détermination me jettera dans un long conflit avec nos critiques de théâtre et avec les quelques spectateurs qui vont au théâtre aussi souvent que les critiques, je le sais bien ; mais je suis trop bien équipé pour que la lutte soit dissuadée par elle, ou pour porter de la méchanceté envers le camp perdant. En essayant de produire les effets sensuels de l'opéra, le drame à la mode est devenu si flasque dans sa sentimentalité et l'intellect de ses habitués si atrophié par la désuétude, que la réintroduction du problème, avec sa logique impitoyable et son cadre de faits de fer, produit inévitablement d'abord une impression accablante de froideur et de rationalisme inhumain. Mais cela va bientôt disparaître. Lorsque la force intellectuelle et le courage moral des critiques auront été développés dans la lutte contre les pièces à problèmes modernes, le luxe mesquin des plus intelligents et le sentiment maussade de faiblesse défavorisée des pièces sentimentales disparaîtront ; et on verra que ce n'est que dans la pièce à problèmes qu'il y a un véritable drame, car le drame n'est pas une simple mise en scène de la caméra sur la nature : c'est la présentation en parabole du conflit entre la volonté de l'homme et son environnement : en un mot, de problème. La vacuité des drames tels que ceux que contiennent les pièces pseudo-opératiques réside dans le fait que la passion animale, sentimentalement diluée, y est montrée en conflit, non pas avec des circonstances réelles, mais avec un ensemble de conventions et d'hypothèses dont la moitié n'existe pas. la scène, tandis que l'autre moitié peut soit être éludée en faisant semblant de se conformer, soit défiée en toute impunité par toute personne raisonnablement forte d'esprit. Personne ne peut penser que de telles conventions sont réellement obligatoires ; et par conséquent personne ne peut croire au pathos scénique qui les accepte comme un destin inexorable, ni à l'authenticité des gens qui se livrent à un tel pathos. Assis devant de telles pièces, nous ne croyons pas : nous faisons semblant. Et l'habitude du faire semblant devient enfin si enracinée que la critique du théâtre cesse insensiblement d'être une critique pour devenir de plus en plus une chronique des entreprises à la mode des seules réalités qui restent sur scène : c'est-à-dire les interprètes. en leur propre personne. Dans cette phase, le dramaturge qui tente de faire revivre un véritable drame produit l'impression désagréable du pédant qui tente d'entamer une discussion sérieuse dans une maison à la mode. Plus tard, lorsqu'il a chassé les services de thé et fait comprendre aux gens venus utiliser le théâtre comme salon que ce sont eux et non le dramaturge qui sont les intrus, il doit faire face à l'accusation selon laquelle ses pièces ignorez le sentiment humain, une illusion produite par cette résistance même des faits et des lois au sentiment humain qui crée le drame. C'est le *deus ex machina* qui, en suspendant cette résistance, fait de la chute du rideau une nécessité immédiate, puisque le drame finit là où finit la résistance. Pourtant, l'introduction de cette résistance produit aujourd'hui une si forte impression de cruauté qu'un critique éminent a résumé l'impression que lui a fait la Profession de Mme Warren, en déclarant que « la différence entre l'esprit de Tolstoï et l'esprit de M. Shaw est la différence entre l'esprit du Christ et l'esprit d'Euclide. Mais l'épigramme serait aussi bonne si le nom de Tolstoï était mis à la place du mien et celui de D'Annunzio à la place de Tolstoï. En même temps, j'accepte avec une sincère complaisance l'énorme compliment fait à mes capacités de raisonnement ; et je promets à mon flatteur que lorsqu'il sera suffisamment habitué et donc non ébloui par les problèmes sur scène pour pouvoir s'occuper du facteur familier de l'humanité qui s'y trouve ainsi que du facteur inconnu d'un environnement réel, il verra et Je pense que la profession de Mme Warren n'est pas un simple théorème, mais un jeu d'instincts et de tempéraments en conflit les uns avec les autres et avec un problème social de pierre qui ne cède jamais d'un pouce au simple sentiment.

Je vais plus loin que cela. Je déclare que le véritable secret du cynisme et de l'inhumanité dont m'accusent des critiques moins superficiels est l'inattendu avec lequel mes personnages se comportent comme des êtres humains, au lieu de se conformer à la logique romantique de la scène. Les axiomes et les postulats de cette morne mimananthropométrie sont si bien connus qu'il est presque impossible à ses esclaves d'écrire des derniers actes tolérables à leurs pièces, tant leurs conclusions découlent conventionnellement de leurs prémisses. Parce que j'ai impitoyablement jeté cette logique par-dessus bord, je suis accusé d'ignorer, non pas la logique de la scène, mais, avant tout, le sentiment humain. Les gens à l'imagination complètement théâtralisée me disent qu'aucune fille ne traiterait sa mère comme le fait Vivie Warren, ce qui signifie qu'aucune héroïne de scène ne le ferait dans une pièce sentimentale populaire. Ils disent cela comme ils diraient qu'il n'y a pas deux lignes droites qui clôturent un espace. Ils ne voient pas à quel point leur vision est devenue complètement inversée, même lorsque je leur jette à la figure son absurdité, comme je le fais à plusieurs reprises dans cette pièce même. Praed , l'artiste sentimental (imbécile que je n'étais pas de faire de lui un critique de théâtre au lieu d'un architecte !) les burlesque en s'attendant tout au long de la pièce à ce que les sentiments des autres soient logiquement déductibles de leurs relations familiales et de son « conventionnement non conventionnel ». » code social. Le sarcasme échappe aux critiques : eux, saturés de la même logique, le considèrent seulement comme le seul personnage sensé sur scène. Il en résulte que plus le dramaturge s'émancipe complètement de l'illusion selon laquelle les hommes et les femmes sont avant tout des êtres raisonnables, et plus il insiste avec force sur l'indifférence impitoyable de leur grand antagoniste dramatique, le monde extérieur, à l'égard de leurs caprices et de leurs émotions. plus il est sûr d'être dénoncé comme étant aveugle à la distinction même sur laquelle est bâtie toute son œuvre. Loin d'ignorer l'idiosyncrasie, la volonté, la passion, l'impulsion, le caprice, en tant que facteurs de l'action humaine, je les ai mis si ouvertement sur la scène que le citoyen âgé, habitué à les voir revêtus du voile d'une logique fabriquée sur le devoir et à les déguiser. même ses propres impulsions de cette manière trouvent l'image aussi peu naturelle que la peinture suggérée par Carlyle du Parlement siégeant sans ses vêtements.

J'en viens maintenant aux critiques qui, intellectuellement déconcertés par le problème de la profession de Mme Warren, ont fait un devoir de le fuir. J'illustrerai leur méthode par une citation de Dickens, tirée du cinquième chapitre de Our Mutual Friend :

"Ourlet!" commença Wegg . « Ceci, Monsieur Boffin and Lady, est le premier chapitre du premier volume de The Decline and Fall off... » Il regarda attentivement le livre et s'arrêta.

« Qu'est-ce qu'il y a, Wegg ?

"Eh bien, il me vient à l'esprit, savez-vous, monsieur," dit Wegg avec un air de franchise insinuante (après avoir d'abord regardé attentivement le livre), "que vous avez fait une petite erreur ce matin, ce que j'avais l'intention de faire." mettez-vous directement dedans ; seulement quelque chose m'a sorti de la tête. Je pense que vous avez dit Empire Rooshan , monsieur ?

« C'est Rooshan ; n'est- ce pas, Wegg ?

"Non monsieur. Romain. Romain."

« Quelle est la différence, Wegg ?

"La différence, monsieur?" M Wegg était chancelant et risquait de s'effondrer, lorsqu'une pensée lumineuse lui vint à l'esprit. « La différence, monsieur ? Là vous me mettez dans une difficulté, Monsieur Boffin . Qu'il suffise d'observer qu'il est préférable de reporter la différence à une autre occasion, lorsque Mme Boffin ne nous honore pas de sa compagnie. Chez Mme La présence de Boffin , monsieur, nous ferions mieux de la laisser tomber.

M Wegg sortit ainsi de son désavantage avec un air assez chevaleresque, et pas seulement cela, mais à force de répéter avec une virile délicatesse : « Chez Mme La présence de Boffin , monsieur, nous ferions mieux de la laisser tomber ! a tourné le désavantage sur Boffin , qui a estimé qu'il s'était engagé d'une manière très douloureuse.

Je suis prêt à laisser M. Wegg l'abandonne dans ces conditions, à condition que je sois autorisé à mentionner ici que Mrs Warren's Profession est une pièce pour femmes ; qu'il a été écrit pour les femmes ; qu'il a été réalisé et produit principalement grâce à la détermination des femmes qu'il devait être interprété et produit ; que l'enthousiasme des femmes a fait de sa première représentation un succès passionnant ; et qu'aucune de ces femmes n'avait d'autre motivation pour la soutenir que leur croyance dans l'actualité et la puissance de la leçon que la pièce enseigne. Ceux qui étaient « surpris de voir des dames présentes » étaient des hommes ; et lorsqu'ils expliquèrent que les journaux qu'ils représentaient ne pouvaient démoraliser le public en décrivant une telle pièce, leurs rédacteurs consacrèrent cruellement l'espace économisé par leur délicatesse à un récit élaboré et respectueux des progrès de la tentative d'un jeune seigneur de briser le pouvoir. banque à Monte-Carlo. Quelques jours plus tôt, Mme Warren aurait été expulsée de ses journaux à la suite d'une affaire policière particulièrement abominable. Je ne suggère pas que l'affaire policière aurait dû être supprimée ; mais je ne crois pas non plus que le respect de la moralité publique ait quelque chose à voir avec leur échec à s'attaquer au spectacle de la Stage Society. Et après tout, il n'était pas nécessaire de recourir au subterfuge de Silas Wegg . Plusieurs critiques ont assez facilement sauvé la face de leurs journaux en disant tout ce qu'ils avaient à dire sur le ton d'une gouvernante choquée faisant la leçon à un enfant méchant. Je pourrais leur plaider, selon les mots de Mme Warren : « Eh bien, ce n'est que de bonnes manières d'avoir honte, ma chère ; » mais cela me surprend, me rappelant l'effet produit par la livraison de cette ligne par Miss Fanny Brough, que des messieurs qui frissonnaient comme des violettes dans un zéphyr alors qu'il les traversait, ratent si complètement toute l'ampleur de son application qu'ils rentrent chez eux. et faites immédiatement une démonstration publique de fausse modestie.

Mon ancien directeur du Théâtre Indépendant, M. Grein, outre ce reproche qu'on me fait de briser ses idéaux, se plaint que Mme Warren n'est pas assez méchante et nomme plusieurs romanciers qui auraient revêtu son âme noire de toutes les terreurs de la tragédie. Je n'en doute pas ; mais s'il vous plaît, mon cher Grein, c'est justement ce que je ne voulais pas faire. Rien ne plairait plus à notre public britannique moralisateur que de rejeter toute la culpabilité de la profession de Mme Warren sur Mme Warren elle-même. Le but de ma pièce est désormais de rejeter cette culpabilité sur le public britannique lui-même. Vous vous souvenez peut-être que lorsque vous avez monté ma première pièce, Widowers' Houses, exactement le même malentendu est apparu. Lorsque le jeune homme vertueux s'est mis en colère contre le propriétaire du bidonville, celui-ci lui a très efficacement montré que les bidonvilles sont le produit, non pas d' Harpagons individuels , mais de l'indifférence de jeunes hommes vertueux à l'égard de l'état de la ville dans laquelle ils vivent. à condition qu'ils vivent à l'extrémité ouest de la ville avec l'argent gagné par le travail de quelqu'un d'autre. L'idée selon laquelle la prostitution est créée par la méchanceté de Mme Warren est aussi stupide que l'idée – répandue néanmoins dans une certaine mesure dans les cercles de tempérance – selon laquelle l'ivresse est créée par la méchanceté du publicain. Mme Warren n'est pas du tout une femme pire que la fille réputée qui ne peut pas la supporter. Son indifférence à l'égard des conséquences sociales ultimes de ses moyens de gagner de l'argent, et sa découverte de ce moyen par la méthode ordinaire consistant à emprunter la ligne de la moindre résistance pour l'obtenir, sont trop courantes dans la société anglaise pour appeler une remarque particulière. Sa vitalité, son économie, son énergie, son franc-parler, ses soins avisés envers sa fille et la capacité de gestion qui lui a permis, ainsi qu'à sa sœur, de grimper de la poissonnerie frite près de la Monnaie aux établissements dont elle se vante, sont toutes de hautes vertus sociales anglaises. Sa défense d'elle-même est si accablante qu'elle incite la St James Gazette à déclarer que « la tendance de la pièce est totalement mauvaise » parce que « elle contient l'une des défenses les plus audacieuses et les plus spécieuses d'une vie immorale pour les femmes pauvres qui ait jamais été écrit. » Heureusement, la St James Gazette parle ici dans sa hâte. La défense de Mme Warren est non seulement audacieuse et spécieuse, mais aussi valable et sans réponse. Mais ce n'est pas du tout une défense du vice qu'elle organise. Ce n'est pas défendre une vie immorale que de dire que l'alternative offerte collectivement par la société aux femmes pauvres est une vie misérable, affamée, surmenée, fétide, malade, laide. Bien qu'il soit tout à fait naturel et juste que Mme Warren choisisse ce qui est, selon elle, l'alternative la moins immorale, il n'en est pas moins infâme de la part de la société d'offrir de telles alternatives. Car les alternatives proposées ne sont pas la moralité et l'immoralité, mais deux sortes d'immoralité. L'homme qui ne peut pas voir que la faim, le surmenage, la saleté et la maladie sont aussi antisociaux que la prostitution – qu'ils sont les vices et les crimes d'une nation, et pas seulement ses malheurs – est (pour le dire aussi poliment que possible) un désespérément personne privée.

L'idée selon laquelle Mme Warren doit être une démone n'est qu'un exemple de la violence et de la passion que la moindre référence au sexe suscite dans les esprits indisciplinés, et qui fait qu'il semble naturel que nos législateurs punissent les indécences stupides et négligeables avec une férocité inconnue dans le traitement des affaires. avec par exemple des escroqueries financières ruineuses. Si ma pièce avait été intitulée La profession de M. Warren et si M. Warren avait été bookmaker, personne ne s'attendait à ce que je fasse de lui également un méchant. Pourtant, le jeu est un vice, et le bookmaking une institution, pour lequel il n'y a absolument rien à dire. Le mal moral et économique causé en essayant d'obtenir l'argent des autres sans travailler pour cela (et c'est l'essence du jeu) est non seulement énorme, mais il n'est pas compensé. Il n'y a pas deux côtés à la question du jeu, aucune circonstance qui nous oblige à le tolérer de peur que sa suppression n'entraîne des choses pires, aucun consensus d'opinion parmi les classes responsables, telles que les magistrats et les commandants militaires, selon lequel c'est une nécessité, aucun consensus athénien. des dossiers de jeu rendus splendides par les talents de ses professeurs, aucune affirmation selon laquelle au lieu de violer la morale il viole seulement une institution juridique qui est à bien des égards oppressive et contre nature, aucun argument possible que l'instinct sur lequel il est fondé est vital. La prostitution peut brouiller les cartes avec toutes ces excuses : le jeu n'en a aucune. Par conséquent, si Mme Warren doit être un démon, un bookmaker doit être un cacodémon. Eh bien, est-ce que quelqu'un qui connaît le monde du sport croit vraiment que les bookmakers sont pires que leurs voisins ? Au contraire, ils doivent être bien meilleurs ; car dans ce monde, presque tous ceux dont le rang social n'exclut pas une telle profession seraient bookmakers s'ils le pouvaient ; mais la force de caractère nécessaire pour gérer de grosses sommes d'argent et pour des règlements stricts et un paiement sans faille des pertes est si rare que les bookmakers à succès le sont également. Il peut sembler que l'esprit civique ne peut pas au moins être l'une des vertus d'un bookmaker ; mais je peux témoigner par expérience personnelle qu'un excellent travail public est réalisé avec l'argent souscrit par les bookmakers.

C'est vrai qu'il y a des abîmes dans le bookmaking : par exemple, le welshing. M. Grein laisse entendre qu'il existe également des abîmes dans la profession de Mme Warren. Il y en a ainsi dans chaque profession : l'erreur est de supposer que chacun d'entre eux sonne à ces profondeurs. Je siège dans un organisme public qui poursuit Mme Warren avec zèle ; et je peux assurer M. Grein qu'elle est souvent traitée avec indulgence parce qu'elle a mené ses affaires de manière « respectable » et s'est tenue au-dessus de ses branches les plus viles. Les degrés d'infamie sont aussi nombreux et aussi scrupuleusement observés que les degrés de pairie : l'idée du moraliste selon laquelle il y a des profondeurs auxquelles l'atmosphère morale cesse est aussi illusoire que l'idée de l'homme riche selon laquelle il n'y a ni jalousie ni snobisme social parmi les plus riches. pauvre. Non : si j'avais dessiné Mme Warren comme un démon sous forme humaine, ceux-là mêmes qui me reprochent aujourd'hui de la flatter seraient probablement les premiers à me ridiculiser pour avoir déduit logiquement son caractère de sa profession au lieu de l'observer avec précision dans la société.

Un critique est tellement asservi par ce genre de logique qu'il qualifie mon portrait du révérend Samuel Gardner d'attaque contre la religion.

Selon ce point de vue, le subalterne Iago est une attaque contre l'armée, Sir John Falstaff une attaque contre la chevalerie et le roi Claudius une attaque contre la royauté. Ici encore, la clameur du naturel et du sentiment humain, soulevée par tant de critiques lorsqu'ils sont confrontés à la réalité sur scène, est en réalité une clameur de la logique la plus mécanique et la plus superficielle. La raison dramatique pour laquelle on fait du pasteur ce que Mme Warren appelle « un vieux bâton dans la boue », dont le fils, malgré beaucoup de capacités et de charme, est un membre cyniquement sans valeur de la société, est d'établir un contraste mordant entre lui et la femme au métier infâme, avec sa fille bien élevée, honnête et travailleuse. Les critiques qui n'ont pas compris le contraste ont sans doute assez souvent observé que de nombreux ecclésiastiques sont dans l'Église sans véritable vocation, mais simplement parce que, dans les cercles qui peuvent exiger une promotion, elle est le refuge des « imbéciles de famille » ; et que les fils des ecclésiastiques sont souvent des réactionnaires manifestes contre les contraintes que leur a imposées dans leur enfance la profession de leur père. Ces critiques doivent aussi savoir, par l'histoire, sinon par l'expérience, que des femmes aussi peu scrupuleuses que Mme Warren se sont distinguées en tant qu'administratrices et dirigeantes, tant sur le plan commercial que politique. Mais l'observation et la connaissance sont laissées de côté lorsque les journalistes vont au théâtre. Une fois dans leurs stalles, ils supposent qu'il est « naturel » que les ecclésiastiques soient saints, que les soldats soient héroïques, que les avocats aient le cœur dur, que les marins soient simples et généreux, que les médecins fassent des miracles avec de petites bouteilles, et que Mme Warren soit une bête et un démon. Tout cela non seulement n'est pas naturel, mais n'est pas non plus dramatique. La profession d'un homme n'entre dans le drame de sa vie que lorsqu'elle entre en conflit avec sa nature. Le résultat de ce conflit est tragique dans le cas de Mme Warren et comique dans le cas du pasteur (du moins, nous sommes assez sauvages pour en rire) ; mais dans les deux cas, c'est illogique et dans les deux cas naturel. Je le répète, les critiques qui m'accusent de sacrifier la nature à la logique sont si sophistiqués de par leur métier que pour eux la logique est la nature, et la nature l'absurdité.

De nombreux critiques amicaux sont trop peu compétents en matière de questions sociales et de discussions morales pour pouvoir concevoir que des messieurs respectables comme eux, qui appelleraient immédiatement la police pour expulser Mme Warren si elle se risquait à les interroger personnellement, pourraient être de quelque manière que ce soit responsables de ses démarches. Ils me font des remontrances sincères, me demandant à quoi peuvent servir de telles expositions douloureuses. Autant se demander ce que le bon Lord Shaftesbury a fait en consacrant sa vie à dénoncer des maux (en aucun cas encore résolus) auprès desquels les pires choses mises en évidence ou même supposées par cette pièce ne sont que des bagatelles. L'avantage de les mentionner est que vous mettez les gens tellement mal à l'aise à leur sujet qu'ils arrêtent finalement de blâmer la « nature humaine » et commencent à soutenir les mesures pour leur réforme.

Y a-t-il quelque chose de plus absurde que l'exemplaire de L'Echo qui contient une notice de la représentation de ma pièce ? Il est édité par un gentleman qui, après avoir consacré sa vie à un travail du type Shaftesbury, expose les maux sociaux et réclame leur réforme dans toutes les colonnes sauf une ; et que l'on est occupé par la déclaration du critique de théâtre aimable du journal, selon laquelle la représentation l'a laissé « se demander à quel but utile la pièce était censée servir ». L'équilibre doit être rétabli par les journaux les plus en vogue, qui combinent généralement une critique d'art compétente avec le solécisme du West End sur la politique et la sociologie. Il est cependant très remarquable, si l'on compare l'explosion médiatique produite par la Profession de Mme Warren en 1902 avec celle produite par les Maisons des Veufs environ dix ans plus tôt, que, alors qu'en 1892 les faits étaient frénétiquement niés et les personnages du drame bafoués comme des monstres de méchanceté, en 1902 les faits sont admis et les personnages reconnus, même s'il est suggéré que c'est exactement la raison pour laquelle aucun gentleman ne devrait les mentionner en public. Un seul auteur a osé laisser entendre cette fois-ci que la pauvreté mentionnée par Mme Warren avait depuis été discrètement atténuée et qu'il n'était pas nécessaire de la ramener sur le devant de la scène. Je le complimente sur son splendide mensonge, dans lequel il n'est soutenu que par un petit plaidoyer dans un journal théâtral qui est assez innocent pour penser que dix guinées par an avec pension et logement sont un salaire incroyablement bas pour une serveuse de bar. Il cite ensuite M. Charles Booth qui a déclaré qu'il existe de nombreuses épouses d'ouvriers qui sont heureuses et satisfaites avec dix-huit shillings par semaine. Mais je peux aller plus loin moi-même. J'ai vu la femme d'un ouvrier agricole d'Oxford paraître joyeuse avec huit shillings par semaine ; mais cela ne me console pas du fait que l'agriculture en Angleterre est une industrie ruinée. Si la pauvreté n'a pas d'importance tant qu'elle est satisfaite, alors le crime n'a pas d'importance tant qu'elle est sans scrupules. La vérité est que c'est seulement à ce moment-là que cela compte le plus désespérément. De nombreuses personnes se sentent plus à l'aise lorsqu'elles sont sales que lorsqu'elles sont propres ; mais cela ne recommande pas la saleté comme politique nationale.

Ici, je dois pour le moment interrompre mon travail ardu d'éducation de la presse. Nous reprendrons nos études plus tard ; mais en ce moment j'en ai marre de jouer au précepteur ; et la soif avide de perfectionnement de mes élèves ne me console pas de la lenteur de leurs progrès. En outre, je dois réserver un espace pour satisfaire ma propre vanité et rendre justice aux six artistes qui ont joué ma pièce, en consignant le succès jusqu'ici inédit de la première représentation. Il n'est pas fréquent qu'un auteur, après quelques heures de ces rares alternances d'excitation et de silence intensément attentif qui n'arrivent au théâtre que lorsque les acteurs et le public réagissent à l'extrême, puisse monter sur scène et appliquez le mot fort génie à la représentation avec la certitude de susciter un assentiment instantané et écrasant de la part du public. Ce fut ma chance dans l'après-midi du dimanche 5 janvier dernier. J'ai certainement eu beaucoup de chance d'avoir mes interprètes dans cette entreprise, et pas seulement en ce qui concerne leur talent artistique ; car sans leur patience surhumaine, leur bonne humeur imperturbable et leur bonne camaraderie, il n'y aurait pas eu de représentation. La terreur du pouvoir de la censure nous a causé suffisamment de problèmes pour détruire toute entreprise commerciale ordinaire. Les directeurs nous ont promis et même engagé leurs théâtres après les avertissements les plus explicites selon lesquels la pièce n'était pas autorisée, et au dernier moment ils ont soudainement réalisé que M. Redford avait leur gagne-pain dans le creux de sa main et ont fait marche arrière. À maintes reprises, la date et le lieu étaient fixés et les billets imprimés, pour ensuite être annulés, jusqu'à ce que finalement le directeur désespéré et surmené de la Stage Society ne puisse que rire, comme les criminels brisés au volant riaient au deuxième coup. Nous avons répété dans de grandes difficultés. Des pièces de Noël et des pièces de théâtre pour la nouvelle année étaient produites dans toutes les directions ; et mes six collègues acteurs étaient des gens très occupés, avec des engagements dans ces pièces en plus de leur travail professionnel actuel chaque soir. Durant plusieurs rudes journées d'hiver, les scènes de répétition étaient inaccessibles, même aux candidats les plus distingués ; et nous partagions des couloirs et des salons avec eux tandis que la scène était réservée aux enfants en formation pour la soirée de boxe. Il fallut enfin répéter à une heure où aucun acteur ni actrice ne s'est levé de son lit de mémoire d'homme ; et nous nous félicitions sardoniquement chaque matin de notre apparence matinale rose et de l'amélioration apportée par notre réveil matinal à notre santé et à notre caractère. Et tout cela, remarquez-le, pour une société sans trésorerie ni prestige commercial, pour une pièce dénoncée d'avance comme inavouable, pour un auteur sans influence sur les théâtres à la mode ! Je mets victorieusement au défi les dirigeants du West End de faire le plus possible pour des motifs intéressés, s'ils le peuvent.

Trois causes ont fait que la production la plus remarquable qui me soit tombée en partage. D'abord le veto du censeur qui a mis en colère les partisans de la pièce. Deuxièmement, la chevalerie de la Stage Society, qui, malgré mon avis contraire pressant et ma démonstration des difficultés, des dangers et des dépenses que coûterait l'entreprise, a fait honte à mon découragement et a résolu de livrer bataille à tout prix. à la tentative de la Censure de supprimer la pièce. Troisièmement, l'esprit artistique des acteurs, qui se sont appropriés la pièce et l'ont menée à bien triomphalement malgré une série de déceptions et de contrariétés bien plus éprouvantes pour le tempérament dramatique que de simples difficultés.

Le jeu des acteurs exigeait également du courage et du caractère ainsi que de l'habileté et de l'intelligence. Le veto du censeur introduisit dans l'entreprise un élément tout à fait nouveau de responsabilité morale. Et les personnages étaient très inhabituels sur la scène anglaise. La jeune héroïne est, comme sa mère, une Anglaise jusqu'à la moelle et non, comme les héroïnes de notre drame à la mode, une prima donna d'origine italienne. Par conséquent, elle était sûre d'être dénoncée comme contre nature et comme peu dramatique par les critiques. L'homme le plus vicieux de la pièce n'est pas du tout un méchant de scène ; en fait, il considère son propre caractère moral avec la complaisance sincère d'un héros de mélodrame. L'aimable adepte du romantisme et de la beauté est montré à un âge qui fait ressortir la futilité que ces cultes sont susceptibles de produire s'ils deviennent l'aliment de base de la vie au lieu de la sauce. L'attitude des jeunes gens intelligents envers leurs aînés est fidèlement représentée comme une attitude de ridicule impitoyable et de critique antipathique, et forme un spectacle incroyable pour ceux qui, dans leur jeunesse, n'étaient pas plus intelligents que leurs aînés les plus proches, et douloureux pour ces parents sentimentaux qui reculent. de la cruauté de la jeunesse, qui ne pardonne rien parce qu'elle ne sait rien. Bref, les personnages et leurs relations sont d'un genre que le critique routinier n'a pas encore appris à situer ; de sorte que leur malentendu était acquis d'avance. Néanmoins, il n'y a eu aucune hésitation derrière le rideau. Lorsqu'elle fut enfin montée, une scène beaucoup trop petite pour la compagnie se révéla être une salle beaucoup trop petite pour le public. Mais les joueurs, s'il leur était impossible d'oublier leur propre malaise, faisaient aussitôt oublier le leur aux spectateurs. C'était certainement un public modèle, réactif de la première ligne à la dernière ; et il n'a reçu rien de moins que ce qu'il méritait en retour.

J'ai le regret d'ajouter que la deuxième représentation, donnée pour l'édification de la presse de Londres et des membres de la Stage Society qui ne peuvent assister aux représentations du dimanche, a été moins inspirante que la première. Une solide phalange de journalistes fatigués du théâtre dans un humour d'après-midi, la plupart engagés dans un dénigrement irréconciliable des pièces à problèmes, et tous tenus par l'étiquette d'être aussi peu démonstratifs que possible, n'est pas exactement le genre de public qui s'élève vers les interprètes. et les guérit de la réaction inévitable après une première nuit passionnante et réussie. La nature de l'artiste est sensible et donc vindicative ; et les joueurs magistraux ont le moyen, auprès du public récalcitrant, de leur présenter une pièce au lieu de les ravir. Je devrais décrire la deuxième représentation de Mrs Warren's Profession, surtout en ce qui concerne ses premières étapes, comme étant résolument une performance frottée. Le frottement était sans doute salutaire ; mais cela a dû blesser certaines des peaux les plus fines. Le charme des passages plus légers s'enfuit ; et les scènes fortes, bien qu'elles portaient encore une fois tout devant elles, s'acquittaient pourtant de ce devoir d'une manière sombre, exécutant l'ennemi plutôt que de le pousser au repentir et à la confession. Pourtant, pour ceux qui n'avaient pas vu la première représentation, l'effet était suffisamment impressionnant ; et ils eurent l'avantage d'assister à un nouveau développement chez Mme Warren, qui, artistiquement jalouse, à ce que je croyais, de l'effet écrasant de la fin du deuxième acte la veille, se jeta dans le quatrième acte d'une manière tout à fait nouvelle. manière et réussit l'exploit apparemment impossible de se surpasser. Les compliments adressés à Miss Fanny Brough par les critiques, aussi élogieux soient-ils, sont les compliments d'hommes trompés aux trois quarts comme Partridge a été trompé par Garrick. Par une grande partie de son jeu d'acteur, ils étaient si complètement absorbés qu'ils ne le reconnaissaient pas du tout comme un jeu d'acteur. En effet, aucun des six joueurs n'a vraiment échappé à cette conséquence de leur propre minutie. Il y avait une nette tendance parmi les critiques les moins expérimentés à se plaindre de leurs sentiments et de leur comportement. Bien entendu, l'auteur ne partage pas ce grief.

CHALET PICCARD, JANVIER 1902.

LE PROFESSION DE MME WARREN

[Mrs Warren's Profession a été joué pour la première fois au théâtre du New Lyric Club de Londres, les 5 et 6 janvier 1902, avec Madge McIntosh dans le rôle de Vivie, Julius Knight dans le rôle de Praed , Fanny Brough dans le rôle de Mme Warren, Charles Goodhart dans le rôle de Crofts. , Harley Granville-Barker dans le rôle de Frank et Cosmo Stuart dans le rôle du révérend Samuel Gardner.]

ACTE I

[Après-midi d'été dans un jardin de cottage sur le versant est d'une colline un peu au sud d'Haslemere dans le Surrey. En regardant vers le haut de la colline, la maison est visible dans le coin gauche du jardin, avec son toit de chaume et son porche, et une grande fenêtre grillagée à gauche du porche. Une palissade ferme complètement le jardin, à l'exception d'un portail à droite. La commune s'élève au-delà de la palissade jusqu'à la ligne du ciel. Certaines chaises de jardin en toile pliée sont appuyées contre le banc latéral du porche. Un vélo de dame est appuyé contre le mur, sous la fenêtre. Un peu à droite du porche, un hamac est suspendu à deux poteaux. Un grand parapluie en toile, planté dans le sol, protège du soleil du hamac dans lequel une jeune femme lit et prend des notes, la tête vers la chaumière et les pieds vers le portail. Devant le hamac, et à portée de sa main, se trouve une chaise de cuisine ordinaire, avec une pile de livres à l'air sérieux et une réserve de papier à lettres dessus.]

[Un monsieur marchant sur la commune apparaît de derrière la maison. Il a à peine dépassé l'âge mûr, avec quelque chose d'artiste en lui, habillé de manière non conventionnelle mais soigneusement, et rasé de près à l'exception d'une moustache, avec un visage vif et susceptible et des manières très aimables et prévenantes. Il a des cheveux noirs soyeux, avec des vagues de gris et de blanc. Ses sourcils sont blancs, sa moustache noire. Il ne semble pas sûr de sa voie. Il regarde les palissades ; fait le point sur les lieux ; et voit la jeune femme.]

LE MONSIEUR, ôtant son chapeau. Je vous demande pardon. Pouvez-vous m'orienter vers Hindhead View, chez Mme Alison ?

LA JEUNE DAME [levant les yeux de son livre] C'est celui de Mme Alison. [Elle reprend son travail].

LE GENTLEMAN. En effet! Peut-être... puis-je vous demander : êtes-vous Miss Vivie Warren ?

LA JEUNE DAME, brusquement, en se tournant le coude pour bien le voir. Oui.

LE GENTLEMAN [intimidé et conciliant] J'ai peur de paraître intrusif. Je m'appelle Praed . (Vivie jette aussitôt ses livres sur la chaise et sort du hamac). Oh, je t'en prie, ne me laisse pas te déranger.

VIVIE, se dirigeant vers le portail et lui ouvrant Entrez, Monsieur. Praed . [Il entre]. Content de te voir. [Elle tend la main et prend la sienne avec une poigne résolue et chaleureuse. Elle est un spécimen attrayant de la jeune Anglaise sensée, compétente et hautement instruite de la classe moyenne. 22 ans. Rapide, fort, confiant, maître de lui. Robe simple de type professionnel, mais pas démodée. Elle porte à sa ceinture une châtelaine, avec parmi ses pendentifs un stylo-plume et un coupe-papier].

PRIÈRE. C'est vraiment très gentil de votre part, Miss Warren. [Elle ferme le portail avec un claquement vigoureux. Il passe au milieu du jardin en exerçant ses doigts légèrement engourdis par son salut. Ta mère est arrivée ?

VIVIE [rapidement, sentant visiblement l'agressivité] Elle vient ?

PRAED [surpris] Vous ne nous attendiez pas ?

VIVIE. Non.

PRIÈRE. Maintenant, mon Dieu, j'espère que je ne me suis pas trompé de jour. Ce serait exactement comme moi, tu sais. Votre mère a fait en sorte qu'elle vienne de Londres et que je vienne de Horsham pour vous être présentée.

VIVIE, pas du tout contente. Vraiment ? Hum ! Ma mère a plutôt le don de me surprendre – pour voir comment je me comporte pendant son absence, je suppose. Je crois que je surprendrai beaucoup ma mère un de ces jours, si elle prend des dispositions qui me concernent sans me consulter au préalable. Elle n'est pas venue.

PRAED [embarrassé] Je suis vraiment vraiment désolé.

VIVIE [rejetant son mécontentement] Ce n'est pas votre faute, Monsieur Praed , n'est-ce pas ? Et je suis très heureux que vous soyez venu. Tu es le seul ami de ma mère que je lui ai jamais demandé d'amener me voir.

PRAED [soulagé et ravi] Oh, c'est vraiment très gentil de votre part, Miss Warren !

VIVIE. Veux-tu rentrer à l'intérieur ? ou préférez-vous vous asseoir ici et parler ?

PRIÈRE. Ce sera plus agréable ici, tu ne penses pas ?

VIVIE. Ensuite, je vais te chercher une chaise. [Elle va sous le porche chercher une chaise de jardin].

PRAED [la suivant] Oh, prie, prie ! Autorise moi. [Il pose les mains sur la chaise].

VIVIE, le laissant prendre. Prends soin de tes doigts ; ce sont des choses plutôt louches, ces chaises. [Elle se dirige vers la chaise avec les livres dessus ; les jette dans le hamac; et avance la chaise d'un seul coup].

PRAED [qui vient de déplier sa chaise] Oh, maintenant laisse-moi prendre cette chaise dure. J'aime les chaises dures.

VIVIE. Moi aussi. Asseyez-vous, M. Praed . [Cette invitation qu'elle fait avec une péremption géniale, son souci de lui plaire lui apparaît clairement comme un signe de faiblesse de caractère de sa part. Mais il n'obéit pas immédiatement.]

PRIÈRE. Au fait, ne devrions -nous pas aller à la gare pour rencontrer ta mère ?

VIVIE, froidement : Pourquoi ? Elle connaît le chemin.

PRAED [déconcerté] Euh—je suppose que c'est le cas [il s'assoit].

VIVIE. Tu sais, tu es exactement comme ce à quoi je m'attendais. J'espère que vous êtes disposé à être ami avec moi.

PRAED [à nouveau rayonnant] Merci, ma *chère* Miss Warren ; merci. Cher moi! Je suis tellement contente que ta mère ne t'ait pas gâté !

VIVIE. Comment?

PRIÈRE. Eh bien, en vous rendant trop conventionnel. Vous savez, ma chère Miss Warren, je suis un anarchiste né. Je déteste l'autorité. Cela gâche les relations entre parent et enfant ; même entre mère et fille. Maintenant, j'ai toujours eu peur que ta mère exerce son autorité pour te rendre très conventionnel. C'est un tel soulagement de constater que ce n'est pas le cas .

VIVIE. Oh! est-ce que je me suis comporté de manière non conventionnelle ?

PRIÈRE. Oh non : oh mon Dieu, non. Du moins, pas de manière conventionnelle et non conventionnelle, vous comprenez. [Elle hoche la tête et s'assoit. Il continue avec un éclat cordial.] Mais c'était si charmant de votre part de dire que vous étiez disposé à être ami avec moi ! Vous, les jeunes filles modernes, êtes splendides : parfaitement splendides !

VIVIE, dubitative : Hein ? [le regardant avec une déception naissante quant à la qualité de son cerveau et de son caractère].

PRIÈRE. Quand j'avais ton âge, les jeunes hommes et les jeunes femmes avaient peur les uns des autres : il n'y avait pas de bonne camaraderie. Rien de réel. Seulement de la galanterie copiée sur les romans, et aussi vulgaire et affectée qu'elle puisse être. Réserve vierge! chevalerie gentleman! tu dis toujours non quand tu voulais dire oui ! purgatoire simple pour âmes timides et sincères.

VIVIE. Oui, j'imagine qu'il a dû y avoir une perte de temps effroyable. Surtout le temps des femmes.

PRIÈRE. Oh, gaspillage de vie, gaspillage de tout. Mais les choses s'améliorent. Savez-vous que je suis dans un état d'enthousiasme positif à l'idée de vous rencontrer depuis vos magnifiques réalisations à Cambridge : une chose inouïe à mon époque. C'était parfaitement splendide, votre égalité avec le troisième combattant. Juste au bon endroit, tu sais. Le premier combattant est toujours un garçon rêveur, morbide, chez qui la chose est poussée jusqu'à la maladie.

VIVIE. Ce n'est pas payant. Je ne le referais pas pour le même prix.

PRAED [consterné] Le même argent !

VIVIE. Oui. £ 50. Peut-être que vous ne savez pas comment c'était. Mme Latham, ma tutrice à Newnham, a dit à ma mère que je pourrais me distinguer dans les tripos mathématiques si je m'y mettais sérieusement. Les journaux étaient alors remplis de Phillipa Summers battant le lutteur senior. Vous vous en souvenez, bien sûr.

PRAED [secoue énergiquement la tête] !!!

VIVIE. Quoi qu'il en soit, elle l'a fait ; et rien ne plairait à ma mère si ce n'était que je fasse la même chose. J'ai dit catégoriquement que cela ne valait pas la peine d'affronter cette difficulté puisque je n'allais pas enseigner ; mais j'ai proposé d'essayer pour un quatrième Wrangler ou environ pour cinquante livres. Elle s'est rapprochée de moi sur ce, après une petite grogne ; et j'étais meilleur que mon marché. Mais je ne recommencerais pas pour ça. Deux cents livres auraient été plus proches du but.

PRAED [très amorti] Seigneur, bénis -moi ! C'est une façon très pratique de voir les choses.

VIVIE. Vous attendiez-vous à me trouver une personne peu pratique ?

PRIÈRE. Mais il est sûrement utile de considérer non seulement le travail que ces distinctions coûtent, mais aussi la culture qu'elles apportent.

VIVIE. Culture! Mon cher Monsieur Praed : tu sais ce que signifie les tripos mathématiques ? Cela signifie travailler, travailler, travailler pendant six à huit heures par jour en mathématiques, et rien que des mathématiques.

Je suis censé savoir quelque chose sur la science ; mais je ne connais rien sauf les mathématiques que cela implique. Je peux faire des calculs pour des ingénieurs, des électriciens, des compagnies d'assurance, etc. mais je ne connais presque rien à l'ingénierie, à l'électricité ou aux assurances. Je ne connais même pas bien l'arithmétique. En dehors des mathématiques, du tennis sur gazon, de l'alimentation, du sommeil, du vélo et de la marche, je suis une barbare plus ignorante que n'importe quelle femme qui n'aurait pas pratiqué les tripos.

PRAED, révolté. Quel système monstrueux, méchant et coquin ! Je le savais! J'ai tout de suite senti que cela signifiait détruire tout ce qui fait la beauté de la femme !

VIVIE. Je ne m'y oppose pas du tout sur ce point. J'en tirerai un très bon profit, je vous l'assure.

PRIÈRE. Caca! De quelle manière ?

VIVIE. Je créerai des chambres dans la Ville et travaillerai aux calculs actuariels et aux transferts de propriété. Sous couvert de cela, je ferai de la loi, en gardant toujours un œil sur la Bourse. Je suis venu ici seul pour lire le droit : pas pour des vacances, comme l'imagine ma mère. Je déteste les vacances.

PRIÈRE. Tu me glaces le sang. N'allez-vous pas avoir de romance, pas de beauté dans votre vie ?

VIVIE. Je m'en fiche non plus, je vous l'assure.

PRIÈRE. Tu ne peux pas dire ça.

VIVIE. Oh oui, je le fais. J'aime travailler et être payé pour cela. Quand je suis fatigué de travailler, j'aime une chaise confortable, un cigare, un peu de whisky et un roman contenant un bon roman policier.

PRAED [se levant dans une frénésie de répudiation] Je n'y crois pas. Je suis un artiste; et je n'arrive pas à y croire : je refuse d'y croire. C'est seulement que vous n'avez pas encore découvert quel monde merveilleux l'art peut s'ouvrir à vous.

VIVIE. Oui j'ai. En mai dernier, j'ai passé six semaines à Londres avec Honoria Fraser. Maman pensait que nous faisions du tourisme ensemble ; mais j'étais en réalité tous les jours dans les appartements d'Honoria à Chancery Lane, travaillant à des calculs actuariels pour elle et l'aidant aussi bien qu'un novice pouvait le faire. Le soir, nous fumions et parlions, et nous ne rêvions jamais de sortir sauf pour faire de l'exercice. Et je ne me suis jamais autant amusé de ma vie.

J'ai réglé toutes mes dépenses et me suis lancé dans l'entreprise sans frais supplémentaires.

PRIÈRE. Mais bénissez mon cœur et mon âme, Miss Warren, appelez-vous cela découvrir l'art ?

VIVIE. Attends un peu. Ce n'était pas le début. Je suis allé en ville à l'invitation de quelques artistes de Fitzjohn's Avenue : l'une des filles était une amie de Newnham. Ils m'ont emmené à la National Gallery...

PRAED [approuvant] Ah !! [Il s'assoit, très soulagé].

VIVIE, continuant, à l'Opéra.

PRAED [encore plus content] Bien !

VIVIE.— et à un concert où l'orchestre a joué toute la soirée : Beethoven et Wagner et ainsi de suite. Je ne reverrais pas cette expérience pour tout ce que vous pourriez m'offrir. J'ai résisté par politesse jusqu'au troisième jour ; puis j'ai dit, tout rond, que je n'en pouvais plus et je suis parti à Chancery Lane. Vous savez maintenant quel genre de jeune femme moderne parfaitement splendide je suis. Comment penses-tu que je vais m'entendre avec ma mère ?

PRAED [surpris] Eh bien, j'espère... euh...

VIVIE. Ce n'est pas tant ce que vous espérez que ce que vous croyez que je veux savoir.

PRIÈRE. Eh bien, franchement, j'ai peur que ta mère soit un peu déçue. Ce n'est pas dû à un manquement de votre part, vous savez : ce n'est pas ce que je veux dire. Mais tu es tellement différent de son idéal.

VIVIE. Elle quoi ?!

PRIÈRE. Son idéal.

VIVIE. Tu veux dire son idéal de MOI ?

PRIÈRE. Oui.

VIVIE. À quoi ça ressemble ?

PRIÈRE. Eh bien, vous avez dû remarquer, Miss Warren, que les gens qui ne sont pas satisfaits de leur propre éducation pensent généralement que le monde irait bien si tout le monde était élevé différemment. Maintenant, la vie de ta mère a été... euh... je suppose que tu sais...

VIVIE. Ne supposez rien, M. Praed . Je connais à peine ma mère. Depuis que je suis enfant , je vis en Angleterre, à l'école ou au collège, ou avec des gens payés pour me prendre en charge. J'ai été embarqué toute ma vie. Ma mère a vécu à Bruxelles ou à Vienne et ne m'a jamais laissé aller chez elle. Je ne la vois que lorsqu'elle visite l'Angleterre pendant quelques jours. Je ne me plains pas : ça a été très agréable ; car les gens ont été très bons avec moi ; et il y a toujours eu beaucoup d'argent pour faciliter les choses. Mais n'imaginez pas que je sache quoi que ce soit sur ma mère. J'en sais beaucoup moins que toi.

PRAED, très mal à l'aise. Dans ce cas ... Il s'arrête, tout perdu. Puis, avec un effort forcé de gaieté.] Mais de quelles absurdités parlons-nous ! Bien sûr, vous et votre mère vous entendrez à merveille. [Il se lève et regarde la vue à l'étranger]. Quel charmant petit endroit vous avez ici !

VIVIE, impassible. Un changement de sujet assez violent, Monsieur. Praed . Pourquoi ne supporte-t-on pas de parler de la vie de ma mère ?

PRIÈRE. Oh, tu ne dois pas dire ça. N'est-il pas naturel que j'aie une certaine délicatesse à parler d'elle à la fille de mon vieil ami dans son dos ? Vous et elle aurez de nombreuses occasions d'en parler lorsqu'elle viendra.

VIVIE. Non : elle n'en parlera pas non plus. [Rising] Cependant, j'ose dire que vous avez de bonnes raisons de ne rien me dire. Seulement, faites attention, M. Praed , je m'attends à ce qu'il y ait une bataille royale lorsque ma mère entendra parler de mon projet Chancery Lane.

PRAED [avec tristesse] J'ai bien peur que ce soit le cas.

VIVIE. Eh bien, je gagnerai parce que je ne veux rien d'autre que mon voyage à Londres pour y commencer demain, en gagnant ma propre vie en diable pour Honoria. D'ailleurs, je n'ai aucun mystère à entretenir ; et il semble que ce soit le cas. J'utiliserai cet avantage sur elle si nécessaire.

PRAED [très choqué] Oh non ! Non, priez. Vous ne feriez pas une chose pareille.

VIVIE. Alors dis-moi pourquoi pas.

PRIÈRE. Je ne peux vraiment pas. Je fais appel à votre bon sentiment. [Elle sourit de sa sentimentalité]. En plus, vous êtes peut-être trop audacieux. Il ne faut pas prendre à la légère votre mère lorsqu'elle est en colère.

VIVIE. Vous ne pouvez pas m'effrayer, monsieur Praed . Au cours de ce mois-là, à Chancery Lane, j'eus l'occasion de prendre la mesure d'une ou deux femmes très semblables à ma mère. Vous pouvez me soutenir pour gagner. Mais si dans mon ignorance je frappe plus fort que nécessaire, rappelez-vous que c'est vous qui refusez de m'éclairer. Maintenant, laissons tomber le sujet. [Elle prend sa chaise et la replace près du hamac avec le même balancement vigoureux qu'auparavant].

PRAED [prenant une résolution désespérée] Un mot, Miss Warren. Je ferais mieux de vous le dire. C'est très difficile; mais-

[Mme Warren et Sir George Crofts arrivent à la porte. Mme Warren a entre 40 et 50 ans, autrefois jolie, vêtue de manière voyante d'un chapeau brillant et d'un chemisier gay bien ajusté sur son buste et flanqué de manches à la mode. Plutôt gâtée et dominatrice, et résolument vulgaire, mais, dans l'ensemble, une vieille canaille géniale et assez présentable.]

[Crofts est un homme grand et puissant d'environ 50 ans, habillé à la mode à la manière d'un jeune homme. Voix nasillarde, plus aiguë que ce à quoi on pourrait s'attendre compte tenu de sa forte constitution. Mâchoires de bouledogue rasées de près, grandes oreilles plates et cou épais : combinaison gentleman des types les plus brutaux d'homme citadin, d'homme sportif et d'homme citadin.]

VIVIE. Les voici. [Il s'approche d'eux alors qu'ils entrent dans le jardin] Comment ça va, mater ? M Praed est là depuis une demi-heure, à t'attendre.

Mme WARREN. Eh bien, si tu as attendu, Praddy , c'est de ta faute : je pensais que tu aurais eu le courage de savoir que j'arrivais par le train de 15h10. Vivie : mets ton chapeau, ma chérie : tu vas avoir un coup de soleil. Oh, j'ai oublié de te présenter. Sir George Crofts : ma petite Vivie.

[Crofts s'avance vers Vivie avec son ton le plus courtois. Elle hoche la tête, mais ne fait aucun geste pour serrer la main.]

CROFTS. Puis-je serrer la main d'une jeune femme que je connais depuis très longtemps comme étant la fille d'un de mes plus vieux amis ?

VIVIE, qui le regarde attentivement de haut en bas Si tu veux.

[Elle prend sa main tendrement tendue et lui donne une pression qui lui fait ouvrir les yeux ; puis se détourne et dit à sa mère] Veux-tu entrer ou dois-je chercher quelques chaises supplémentaires ? [Elle va sous le porche chercher les chaises].

Mme WARREN. Eh bien, George, que penses-tu d'elle ?

CROFTS, tristement. Elle a un poing puissant. Lui as-tu serré la main, Praed ?

PRIÈRE. Oui : cela va passer tout de suite.

CROFTS. Je l'espère. [Vivie réapparaît avec deux autres chaises. Il se précipite à son secours.] Autorise moi.

MME WARREN [avec condescendance] Laissez Sir George vous aider avec les chaises, ma chère.

VIVIE, les jetant dans ses bras Vous voilà. [Elle s'époussette les mains et se tourne vers Mme Warren]. Tu aimerais du thé, n'est-ce pas ?

MME WARREN [assise sur la chaise de Praed et s'éventant] Je meurs d'envie d'avoir une goutte à boire.

VIVIE. Je vais voir ça. [Elle entre dans la chaumière].

[Sir George a à ce moment-là réussi à déplier une chaise et à la planter près de Mme Warren, à sa gauche. Il jette l'autre sur l'herbe et s'assoit, l'air abattu et un peu bête, le manche de son bâton dans la bouche. Praed , toujours très inquiet, s'agite dans le jardin à leur droite.]

MME WARREN [à Praed , regardant Crofts] Regarde-le, Praddy : il a l'air joyeux, n'est-ce pas ? Il m'a tracassé pendant trois ans pour qu'on lui montre ma petite fille ; et maintenant que je l'ai fait, il n'a plus aucune contenance. [Vivement] Viens ! Asseyez-vous, George ; et retire ton bâton de ta bouche. [Crofts obéit boudeur].

PRIÈRE. Je pense, vous savez, si cela ne vous dérange pas, que nous ferions mieux de perdre l'habitude de la considérer comme une petite fille. Vous voyez, elle s'est vraiment distinguée ; et je ne suis pas sûr, d'après ce que j'ai vu d'elle, qu'elle ne soit pas plus âgée qu'aucun d'entre nous.

MME WARREN [très amusée] Écoutez-le seulement, George ! Plus vieux qu'aucun d'entre nous ! Eh bien, elle vous *a* gentiment bourré de son importance.

PRIÈRE. Mais les jeunes sont particulièrement sensibles à l'idée d'être traités de cette façon.

Mme WARREN. Oui; et il faut que les jeunes se débarrassent de toutes ces absurdités, et bien plus encore. Ne vous mêlez pas, Praddy : je sais comment traiter mon propre enfant aussi bien que vous. [Praed , avec un grave hochement de tête, marche dans le jardin, les mains derrière le dos. Mme Warren fait semblant de rire, mais s'occupe de lui avec une inquiétude perceptible. Puis, elle chuchote à Crofts] Qu'est -ce qu'il a ? Pourquoi le prend-il comme ça ?

CROFTS [morosement] Vous avez peur de Praed .

Mme WARREN. Quoi! Moi! Peur du cher vieux Paddy ! Eh bien, une mouche n'aurait pas peur de lui.

CROFTS. *Vous avez* peur de lui.

MME WARREN [en colère] Je vais vous demander de vous occuper de vos affaires et de ne pas essayer de me bouder. De toute façon, je n'ai pas peur de toi. Si vous ne parvenez pas à vous rendre agréable, vous feriez mieux de rentrer chez vous. [Elle se lève, et, lui tournant le dos, se retrouve nez à nez avec Praed]. Viens, Paddy , je sais que ce n'était que ta tendresse. Tu as peur que je l'intimide.

PRIÈRE. Ma chère Kitty : tu penses que je suis offensé. N'imaginez pas cela : priez pour ne pas le faire. Mais tu sais que je remarque souvent des choses qui t'échappent ; et bien que vous ne suiviez jamais mon conseil, vous avouez parfois ensuite que vous auriez dû le suivre.

Mme WARREN. Eh bien, que remarquez-vous maintenant ?

PRIÈRE. Sauf que Vivie est une femme adulte. Je t'en prie, Kitty, traite-la avec tout le respect.

MADAME WARREN [avec un véritable étonnement] Respect ! Traitez ma propre fille avec respect ! Et ensuite, priez !

VIVIE [apparaissant à la porte du cottage et appelant Mme Warren] Mère : veux-tu venir dans ma chambre avant le thé ?

Mme WARREN. Oui, chérie. [Elle rit avec indulgence devant la gravité de Praed et lui tapote la joue en le croisant en se dirigeant vers le porche]. Ne sois pas fâché, Paddy . [Elle suit Vivie dans le cottage].

CROFTS [furtivement] Dis-je, Praed .

PRIÈRE. Oui.

CROFTS. Je veux vous poser une question un peu particulière.

PRIÈRE. Certainement. [Il prend la chaise de Mme Warren et s'assoit près de Crofts].

CROFTS. C'est vrai : ils pourraient nous entendre depuis la fenêtre. Regardez ici : est-ce que Kitty vous a déjà dit qui était le père de cette fille ?

PRIÈRE. Jamais.

CROFTS. Avez-vous des soupçons sur qui cela pourrait être ?

PRIÈRE. Aucun.

CROFTS [ne le croyant pas] Je sais, bien sûr, que vous pourriez peut-être vous sentir obligé de ne pas dire si elle vous a dit quelque chose. Mais c'est très gênant d'en être sûr maintenant que nous allons rencontrer la fille tous les jours. Nous ne savons pas exactement ce que nous devrions ressentir envers elle.

PRIÈRE. Quelle différence cela peut-il faire ? Nous la prenons selon ses propres mérites. Qu'importe qui était son père ?

CROFTS [avec méfiance] Alors vous savez qui il était ?

PRAED [avec une pointe d'humeur] J'ai dit non tout à l'heure. Vous ne m'avez pas entendu ?

CROFTS. Regarde ici, Praed . Je vous demande une faveur particulière. Si vous le *savez* [mouvement de protestation de Praed]... Je dis seulement que si vous le savez, vous pourriez au moins me rassurer à son sujet. Le fait est que je suis tombé attiré.

PRAED [sévèrement] Que veux-tu dire ?

CROFTS. Oh, ne vous inquiétez pas : c'est un sentiment tout à fait innocent. C'est ce qui me laisse perplexe. Pourquoi, pour autant que je sache, *je* pourrais être son père.

PRIÈRE. Toi! Impossible!

CROFTS [le rattrapant astucieusement] Vous savez avec certitude que ce n'est pas le cas ?

PRIÈRE. Je n'en sais rien, je vous le dis, pas plus que vous. Mais vraiment, Crofts, oh non, c'est hors de question. Il n'y a pas la moindre ressemblance.

CROFTS. Quant à cela, il n'y a aucune ressemblance entre elle et sa mère que je puisse voir. Je suppose que ce n'est pas votre fille, n'est-ce pas ?

PRAED [se levant avec indignation] Vraiment, Crofts… !

CROFTS. Ne vous offensez pas, Praed . Tout à fait acceptable entre deux hommes du monde.

PRAED [se remettant avec effort et parlant doucement et gravement] Maintenant, écoutez-moi, mon cher Crofts. [Il se rassied].

Je n'ai rien à voir avec cet aspect de la vie de Mme Warren, et je ne l'ai jamais eu. Elle ne m'en a jamais parlé ; et bien sûr je ne lui en ai jamais parlé. Votre délicatesse vous dira qu'une belle femme a besoin d'amis qui ne sont pas... enfin, pas sur ce pied-là avec elle. L'effet de sa propre beauté deviendrait pour elle un tourment si elle ne pouvait y échapper de temps en temps. Vous êtes probablement dans des conditions beaucoup plus confidentielles avec Kitty que moi. Vous pouvez sûrement lui poser la question vous-même.

CROFTS. Je lui ai demandé assez souvent. Mais elle est tellement déterminée à garder l'enfant pour elle toute seule qu'elle nierait qu'il ait jamais eu de père si elle le pouvait. [Rising] Cela me met vraiment mal à l'aise, Praed .

PRAED, se levant aussi. Eh bien, comme vous êtes en tout cas assez vieux pour être son père, cela ne me dérange pas d'admettre que nous considérons tous les deux Miss Vivie d'une manière parentale, comme une jeune fille que nous sommes tenus de protéger et de protéger. aide. Que dites-vous?

CROFTS [agressivement] Je ne suis pas plus âgé que toi, si vous en arrivez là.

PRIÈRE. Oui , mon cher : vous êtes né vieux. Je suis né garçon : je n'ai jamais pu ressentir l'assurance d'un adulte de ma vie. [Il plie sa chaise et la porte jusqu'au porche].

MME WARREN [appelant depuis l'intérieur du cottage] Prad-dee ! George! Thé -ea - ea-ea !

CROFTS [précipitamment] Elle nous appelle. [Il entre précipitamment].

[Praed secoue la tête d'un air menaçant et suit Crofts lorsqu'il est salué par un jeune gentleman qui vient d'apparaître sur la commune et se dirige vers la porte. Il est agréable, joli, bien habillé, intelligemment bon à rien, à peine 20 ans, avec une voix charmante et des manières agréablement irrespectueuses. Il porte un fusil à chargeur de sport léger.]

LE JEUNE GENTLEMAN. Bonjour! Praed !

PRIÈRE. Eh bien, Frank Gardner ! [Frank entre et serre cordialement la main]. Que diable fais-tu ici ?

FRANC. Rester avec mon père.

PRIÈRE. Le père romain ?

FRANC. Il est recteur ici. Je vis avec mes gens cet automne par souci d'économie. En juillet, la situation devint critique : le père romain dut payer mes dettes. En conséquence, il est complètement fauché ; et moi aussi. Que faites-vous dans ces régions ? tu connais les gens ici ?

PRIÈRE. Oui : je passe la journée avec une Miss Warren.

FRANC, avec enthousiasme : Quoi ! Connaissez-vous Vivie ? N'est-elle pas une fille joyeuse ? Je lui apprends à tirer avec ça [en posant le fusil]. Je suis si heureuse qu'elle te connaisse : tu es exactement le genre de gars qu'elle devrait connaître. [Il sourit et élève sa voix charmante presque jusqu'à un ton chantant alors qu'il s'exclame] C'est vraiment joyeux de te trouver ici, Praed .

PRIÈRE. Je suis une vieille amie de sa mère. Mme Warren m'a amené pour faire la connaissance de sa fille.

FRANC. La mère! Est- *elle* ici?

PRIÈRE. Oui : à l'intérieur, au thé.

MME WARREN [appelant de l'intérieur] Prad-dee- ee - ee-eee ! Le gâteau au thé sera froid.

PRAED [appelant] Oui, Mme Warren. Dans un moment. Je viens de rencontrer un ami ici.

Mme WARREN. Un quoi?

PRAED [plus fort] Un ami.

Mme WARREN. Faites-le entrer.

PRIÈRE. D'accord. [À Frank] Accepterez-vous l'invitation ?

FRANK (incrédule, mais immensément amusé) C'est la mère de Vivie ?

PRIÈRE. Oui.

FRANC. Par jupiter! Quelle alouette ! Tu penses qu'elle m'aimera ?

PRIÈRE. Je suis convaincu que vous vous rendrez populaire, comme d'habitude. Entrez et essayez [d'avancer vers la maison].

FRANC. Arrêtez-vous un peu. [Sérieusement] Je veux vous mettre en confiance.

PRIÈRE. Ne le faites pas, je vous en prie. Ce n'est qu'une nouvelle folie, comme celle de la barmaid de Redhill.

FRANC. C'est bien plus grave que ça. Vous dites que vous venez tout juste de rencontrer Vivie pour la première fois ?

PRIÈRE. Oui.

FRANK [rhapsodiquement] Alors tu ne peux pas savoir à quel point elle est une fille. Quel personnage ! Quel sens ! Et son intelligence ! Oh, mon œil, Praed , mais je peux te dire qu'elle est intelligente ! Et – dois-je ajouter ? – elle m'aime.

CROFTS [mettant la tête par la fenêtre] Je dis, Praed : qu'est-ce que tu fais ? Venez nombreux. [Il disparaît].

FRANC. Bonjour! Le genre de type qui remporterait un prix lors d'une exposition canine, n'est-ce pas ? Qui est-il?

PRIÈRE. Sir George Crofts, un vieil ami de Mme Warren. Je pense que nous ferions mieux d'entrer.

[En route vers le porche, ils sont interrompus par un appel venant du portail. En se retournant, ils voient un ecclésiastique âgé qui le regarde.]

LE CLERGYMAN [appelant] Frank !

FRANC. Bonjour! [A Praed] Le père romain. [Au pasteur] Oui, gouverneur : d'accord : actuellement. [À Praed] Écoute, Praed : tu ferais mieux d'aller prendre le thé. Je vous rejoins directement.

PRIÈRE. Très bien. [Il entre dans la chaumière].

[L'ecclésiastique reste devant la porte, les mains dessus. Le révérend Samuel Gardner, un ecclésiastique bénéficiaire de l'Église établie, a plus de 50 ans. Extérieurement, il est prétentieux, bruyant, bruyant, important. En réalité, il est ce phénomène obsolète, le fou de la famille abandonné sur l'Église par son père le patron, s'affirmant bruyamment comme père et ecclésiastique sans être capable d'imposer le respect dans l'un ou l'autre de ces titres.]

TOUR. S. Eh bien, monsieur. Qui sont vos amis ici, si je peux me permettre ?

FRANC. Oh, tout va bien, gouverneur ! Entrez.

TOUR. S. Non, monsieur ; pas avant de savoir dans quel jardin j'entre.

FRANC. C'est bon. C'est celui de Miss Warren.

TOUR. S. Je ne l'ai pas vue à l'église depuis son arrivée.

FRANC. Bien sûr que non : c'est une troisième lutteuse. Toujours aussi intellectuel. Vous avez obtenu un diplôme plus élevé que vous ; alors pourquoi devrait-elle aller t'entendre prêcher ?

TOUR. S. Ne soyez pas irrespectueux, monsieur.

FRANC. Oh, ce n'est pas grave : personne ne nous entend. Entrez. [Il ouvre le portail, entraînant sans ménagement son père dans le jardin]. Je veux vous la présenter. Vous souvenez-vous du conseil que vous m'avez donné en juillet dernier, gouverneur ?

TOUR. S. [sévèrement] Oui. Je vous ai conseillé de vaincre votre paresse et votre légèreté, de vous frayer un chemin vers une profession honorable et de vivre de celle-ci et non de moi.

FRANC. Non : c'est à ça que tu as pensé après. Ce que tu as dit en réalité, c'est que comme je n'avais ni cervelle ni argent, je ferais mieux de mettre à profit ma beauté en épousant quelqu'un qui a les deux. Eh bien, regarde ici. Miss Warren a de l'intelligence : vous ne pouvez pas le nier.

TOUR. S. Les cerveaux ne font pas tout.

FRANC. Non, bien sûr que non : il y a l'argent...

TOUR. S., l'interrompant austèrement. Je ne pensais pas à l'argent, monsieur. Je parlais de choses supérieures. La position sociale, par exemple.

FRANC. Je m'en fiche complètement.

TOUR. S. Mais je le fais, monsieur.

FRANC. Eh bien, personne ne veut que tu l'épouses. Quoi qu'il en soit, elle possède ce qui équivaut à un diplôme élevé de Cambridge ; et elle semble avoir autant d'argent qu'elle veut.

TOUR. S., tombant dans une faible veine d'humour. Je doute fort qu'elle ait autant d'argent que vous en voudriez.

FRANC. Oh, voyons : je n'ai pas été si extravagant. Je vis toujours très tranquillement ; Je ne bois pas ; Je ne parie pas grand-chose ; et je ne vais jamais régulièrement au faste comme tu le faisais quand tu avais mon âge.

TOUR. S. [grondant sourd] Silence, monsieur.

FRANC. Eh bien, vous m'avez dit vous-même, alors que je me moquais de la barmaid de Redhill, qu'un jour vous aviez offert à une femme cinquante livres pour les lettres que vous lui aviez écrites quand...

TOUR. S. [terrifié] Chut , Frank, pour l'amour du ciel ! [Il regarde autour de lui avec appréhension. Ne voyant personne à portée de voix, il trouve le courage de boum à nouveau, mais plus doucement.] Vous profitez indûment de ce que je vous ai confié pour votre bien, pour vous sauver d'une erreur dont vous vous seriez repentie toute votre vie. Soyez averti des folies de votre père, monsieur ; et n'en faites pas une excuse pour vous-même.

FRANC. Avez-vous déjà entendu l'histoire du duc de Wellington et ses lettres ?

TOUR. S. Non, monsieur ; et je ne veux pas l'entendre.

FRANC. Le vieux Iron Duke n'a pas jeté cinquante livres : pas lui. Il vient d'écrire : « Chère Jenny : publie et sois damnée ! Cordialement, Wellington. C'est ce que tu aurais dû faire.

TOUR. S. [piteusement] Frank, mon garçon : quand j'ai écrit ces lettres, je me suis mis au pouvoir de cette femme. Quand je vous en ai parlé , je me suis mis, dans une certaine mesure, je suis désolé de le dire, en votre pouvoir. Elle a refusé mon argent avec ces mots que je n'oublierai jamais. « La connaissance, c'est le pouvoir », a-t-elle déclaré ; "et je ne vends jamais d'électricité."

C'était il y a plus de vingt ans ; et elle n'a jamais fait usage de son pouvoir ni ne m'a causé un instant d'inquiétude. Tu te comportes pire qu'elle avec moi, Frank.

FRANC. Oh oui j'ose dire ! Lui avez-vous déjà prêché comme vous me prêchez chaque jour ?

TOUR. S. [blessé jusqu'aux larmes] Je vous quitte, monsieur. Vous êtes incorrigible. [Il se tourne vers la porte].

FRANC, absolument impassible. Dites-leur que je ne serai pas à la maison pour prendre le thé, n'est-ce pas, gouverneur , comme un bon garçon ? [Il se dirige vers la porte du chalet et est accueilli par Praed et Vivie qui en sortent].

VIVIE, à Frank : C'est ton père, Frank ? J'ai tellement envie de le rencontrer.

FRANC. Certainement. [Appelant son père] Gov'nor . Tu es recherché. [Le pasteur se tourne vers la porte, fouillant nerveusement son chapeau. Praed traverse le jardin du côté opposé, rayonnant en prévision des civilités]. Mon père : Mlle Warren.

VIVIE [s'approchant du pasteur et lui serrant la main] Très heureuse de vous voir ici, M. Gardner. [Appelant au chalet] Mère : viens : tu es recherchée.

[Mme Warren apparaît sur le seuil et est immédiatement pétrifiée, reconnaissant le pasteur.]

VIVIE, continuant : Laissez-moi vous présenter...

MME WARREN [fonçant sur le révérend Samuel] Pourquoi c'est Sam Gardner, entré dans l'Église ! Eh bien je n'ai jamais! Tu ne nous connais pas, Sam ? C'est George Crofts, aussi grand que nature et deux fois plus naturel. Tu ne te souviens pas de moi ?

TOUR. S. [très rouge] Je vraiment—euh—

Mme WARREN. Bien sûr, vous le faites. Eh bien, j'ai encore tout un album de vos lettres : je les ai trouvées l'autre jour seulement.

TOUR. S. [misérablement confus] Mademoiselle Vavasour, je crois.

MME WARREN [le corrigeant rapidement dans un murmure fort] Tch ! Absurdité! Mme Warren : vous ne voyez pas ma fille là-bas ?

ACTE II

[À l'intérieur du chalet après la tombée de la nuit. En regardant vers l'est depuis l'intérieur plutôt que vers l'ouest depuis l'extérieur, la fenêtre grillagée, avec ses rideaux tirés, est maintenant visible au milieu du mur avant de la maison, avec la porte du porche à gauche. Dans le mur latéral gauche se trouve la porte menant à la cuisine. Plus loin, contre le même mur, se trouve une commode avec une bougie et des allumettes dessus, et le fusil de Frank posé à côté d'eux, le canon reposant dans le porte-assiettes. Au centre se trouve une table sur laquelle est posée une lampe allumée. Les livres et le matériel d'écriture de Vivie sont sur une table à droite de la fenêtre, contre le mur. La cheminée est à droite, avec un déclic : il n'y a pas de feu. Deux des chaises sont placées à droite et à gauche de la table.]

[La porte du cottage s'ouvre, montrant une belle nuit étoilée au dehors ; et Mme Warren, les épaules enveloppées dans un châle emprunté à Vivie, entre, suivie de Frank, qui jette sa casquette sur le siège de la fenêtre. Elle en a assez de marcher et pousse un soupir de soulagement en dégrafant son chapeau ; l'enlève; enfonce l'épingle dans la couronne ; et le met sur la table.]

Mme WARREN. Ô Seigneur! Je ne sais pas ce qui est le pire du pays, marcher ou rester chez soi sans rien faire. Je pourrais très bien me contenter d'un whisky et d'un soda maintenant, si seulement il y avait de telles choses dans cet endroit.

FRANC. Peut-être que Vivie en a.

Mme WARREN. Absurdité! Que ferait une jeune fille comme elle avec de telles choses ! Qu'à cela ne tienne : cela n'a pas d'importance. Je me demande comment elle passe son temps ici ! Je préférerais de loin être à Vienne.

FRANC. Laissez-moi vous y conduire. [Il l'aide à ôter son châle en lui serrant galamment les épaules de manière très perceptible].

Mme WARREN. Ah ! Voudriez-vous? Je commence à penser que tu es une puce du vieux bloc.

FRANC. Comme le gouverneur , hein ? [Il accroche le châle sur la chaise la plus proche et s'assoit].

Mme WARREN. Peu importe. Que savez-vous de telles choses ?

Tu n'es qu'un garçon. [Elle va au foyer pour s'éloigner de la tentation].

FRANC. Viens-tu à Vienne avec moi ? Ce serait toujours une telle alouette.

Mme WARREN. Non, merci. Vienne n'est pas un endroit pour vous, du moins pas avant d' être un peu plus âgé. [Elle lui fait un signe de tête pour souligner ce conseil. Il fait une grimace pitoyable, démentie par ses yeux rieurs. Elle le regarde ; puis revient vers lui]. Maintenant, regarde ici, petit garçon [prenant son visage dans ses mains et le tournant vers elle] : Je te connais de bout en bout par ta ressemblance avec ton père, mieux que tu ne te connais toi-même. Ne te mets pas en tête des idées stupides à mon sujet. Entendez-vous?

FRANK (la courtisant galamment avec sa voix) Je n'y peux rien, ma chère Mme Warren : c'est une histoire de famille.

[Elle fait semblant de lui botter les oreilles ; puis regarde le joli visage rieur retroussé d'un instant, tenté. Elle finit par l'embrasser et se détourne aussitôt, par patience envers elle-même.]

Mme WARREN. Là! Je n'aurais pas dû faire ça. Je *suis* méchant. Qu'à cela ne tienne, ma chère : ce n'est qu'un baiser maternel. Va faire l'amour à Vivie.

FRANC. Donc j'ai.

MME WARREN (se tournant vers lui avec une note d'alarme dans la voix) Quoi !

FRANC. Vivie et moi sommes toujours très amies.

Mme WARREN. Que veux-tu dire? Maintenant, voyez ici : je ne laisserai aucun jeune coquin altérer ma petite fille. Entendez-vous? Je ne l'aurai pas.

FRANK [sans vergogne] Ma chère Mme Warren : ne vous inquiétez pas. Mes intentions sont honorables : toujours aussi honorables ; et votre petite fille sait très bien prendre soin d'elle-même. Elle n'a pas autant besoin de s'occuper que sa mère. Elle n'est pas si belle, tu sais.

MME WARREN [surprise par son assurance] Eh bien, vous avez une belle joue saine de deux pouces partout sur vous. Je ne sais pas où tu l'as eu. Pas de ton père, en tout cas.

DES VILLES, dans le jardin. Les bohémiens , je suppose ?

TOUR. S., répondant. Les écuyers sont bien pires.

MME WARREN [à Frank] S- chut ! Souviens-toi! vous avez eu votre avertissement.

[Crofts et le révérend Samuel Gardner arrivent du jardin, le pasteur poursuivant sa conversation en entrant.]

TOUR. S. Le parjure aux assises de Winchester est déplorable.

Mme WARREN. Bien? qu'êtes-vous devenus tous les deux ? Et où Paddy et Vivie ?

CROFTS, mettant son chapeau sur la banquette et son bâton dans le coin de la cheminée. Ils montèrent la colline. Nous sommes allés au village. Je voulais un verre. [Il s'assoit sur le siège, posant ses jambes le long du siège].

Mme WARREN. Eh bien, elle ne devrait pas partir comme ça sans me le dire. [A Frank] Donne une chaise à ton père, Frank : où sont tes manières ? [Frank se lève et offre gracieusement sa chaise à son père ; puis en prend un autre sur le mur et s'assoit à table, au milieu, avec son père à sa droite et Mme Warren à sa gauche]. George : où vas-tu passer la nuit ? Tu ne peux pas rester ici. Et quoi Paddy va le faire ?

CROFTS. Gardner m'hébergera.

Mme WARREN. Oh, sans aucun doute, vous avez pris soin de vous ! Mais qu'en est-il de Paddy ?

CROFTS. Je ne sais pas. Je suppose qu'il peut dormir à l'auberge.

Mme WARREN. Tu n'as pas de place pour lui, Sam ?

TOUR. S. Eh bien… euh… voyez-vous, en tant que recteur ici, je ne suis pas libre de faire ce que je veux. Euh, qu'est-ce que M. La position sociale de Praed ?

Mme WARREN. Oh, il va bien : c'est un architecte. Quel vieux bâton dans la boue tu es, Sam !

FRANC. Oui, tout va bien, gouverneur . Il a construit cet endroit au Pays de Galles pour le duc. C'est ce qu'on appelle le château de Caernarvon . Vous devez en avoir entendu parler. [Il fait un clin d'œil avec une intelligence fulgurante à Mme Warren et regarde son père d'un air fade].

TOUR. S. Oh, dans ce cas, bien sûr, nous ne serons que trop heureux. Je suppose qu'il connaît personnellement le duc .

FRANC. Oh, toujours si intimement ! On peut le mettre dans l'ancienne chambre de Georgina.

Mme WARREN. Eh bien, c'est réglé. Maintenant, si seulement ces deux-là pouvaient entrer et nous permettre de souper. Ils n'ont pas le droit de rester dehors une fois la nuit tombée comme ça.

CROFTS (agressif) : Quel mal vous font-ils ?

Mme WARREN. Eh bien, mal ou pas, je n'aime pas ça.

FRANC. Mieux vaut ne pas les attendre, Mme Warren. Praed restera absent le plus longtemps possible. Il n'a jamais su ce que c'est que de s'égarer dans la bruyère un soir d'été avec ma Vivie.

CROFTS, se redressant avec consternation. Je dis, vous savez ! Viens!

TOUR. S. [se levant, passant de son professionnalisme à la force et à la sincérité réelles] Frank, une fois pour toutes, c'est hors de question. Mme Warren vous dira qu'il ne faut pas y penser.

CROFTS. Bien sûr que non.

FRANK (avec une placidité enchanteresse) Est-ce vrai, Mme Warren ?

MME WARREN [réflexivement] Eh bien, Sam, je ne sais pas. Si la fille veut se marier, il ne sert à rien de la garder célibataire.

TOUR. S. [étonné] Mais mariée avec *lui !* — ta fille à mon fils ! Pensez-y : c'est impossible.

CROFTS. Bien sûr, c'est impossible. Ne sois pas idiote, Kitty.

Mme WARREN [énervée] Pourquoi pas ? Ma fille n'est-elle pas assez bien pour votre fils ?

TOUR. S. Mais sûrement, ma chère Mme Warren, vous connaissez les raisons...

MME WARREN [d'un air de défi] Je ne connais aucune raison. Si vous en connaissez, vous pouvez les dire au garçon, ou à la fille, ou à votre congrégation, si vous le souhaitez.

TOUR. S., s'effondrant, impuissant, sur sa chaise. Vous savez très bien que je ne pouvais en dire les raisons à personne. Mais mon garçon me croira quand je lui dirai qu'il y a des raisons .

FRANC. C'est tout à fait vrai, papa : il le fera. Mais la conduite de votre garçon a-t-elle déjà été influencée par vos raisons ?

CROFTS. Vous ne pouvez pas l'épouser ; et c'est tout. [Il se lève et se place devant le foyer, dos à la cheminée, fronçant les sourcils d'un air déterminé].

Mme WARREN (se tournant brusquement vers lui) Qu'est-ce que vous avez à voir avec ça, je vous prie ?

FRANC, avec sa plus jolie cadence lyrique. C'est exactement ce que j'allais demander, moi-même, à ma manière gracieuse.

CROFTS, à Mme Warren : Je suppose que vous ne voulez pas marier cette fille à un homme plus jeune qu'elle et sans profession ni deux pence pour la garder. Demande à Sam, si tu ne me crois pas. [Au pasteur] Combien d'argent allez- vous lui donner en plus ?

TOUR. S. Pas un centime de plus. Il a eu son patrimoine ; et il en a dépensé le reste en juillet. [Le visage de Mme Warren tombe].

CROFTS [la regardant] Là ! Je te l'ai dit. [Il reprend sa place sur le banc et repose à nouveau ses jambes sur le siège, comme si l'affaire était enfin réglée].

FRANC, plaintif : C'est vraiment mercenaire. Pensez-vous que Miss Warren va se marier pour de l'argent ? Si nous nous aimons...

Mme WARREN. Merci. Ton amour est une marchandise bon marché, mon garçon. Si vous n'avez aucun moyen d'entretenir une femme, c'est réglé ; tu ne peux pas avoir Vivie.

FRANC [très amusé] Qu'en dites-vous, gouverneur , hein ?

TOUR. S. Je suis d'accord avec Mme Warren.

FRANC. Et le bon vieux Crofts a déjà exprimé son opinion.

CROFTS, se tournant avec colère sur son coude. Regardez ici : je ne veux rien de votre culot.

FRANK [visiblement] Je suis vraiment désolé de vous surprendre, Crofts ; mais tu t'es permis tout à l'heure de me parler comme à un père. Un père suffit, merci.

CROFTS [avec mépris] Ouais ! [Il se détourne à nouveau].

FRANK [se levant] Mme Warren : Je ne peux pas abandonner ma Vivie, même pour votre bien.

Mme WARREN, marmonnant : Jeune coquin !

FRANC, continuant. Et comme vous comptez sans doute lui offrir d'autres perspectives, je ne perdrai pas de temps pour lui présenter mon cas. [Ils le regardent ; et il commence à déclamer avec grâce.] Ou bien il craint trop son sort, Ou bien ses mérites sont petits, Qui n'ose pas le toucher, Pour tout gagner ou tout perdre.

[Les portes du cottage s'ouvrent pendant qu'il récite ; et Vivie et Praed entrent. Il s'interrompt. Praed pose son chapeau sur la commode. Il y a une amélioration immédiate du comportement de l'entreprise. Crofts descend ses jambes de l'installation et se ressaisit tandis que Praed le rejoint près de la cheminée. Mme Warren perd son aisance et se réfugie dans la querosité.]

Mme WARREN. Où étais-tu, Vivie ?

VIVIE, ôtant son chapeau et le jetant négligemment sur la table. Sur la colline.

Mme WARREN. Eh bien, tu ne devrais pas partir comme ça sans me le faire savoir. Comment pourrais-je savoir ce que tu étais devenu ? Et la nuit arrive aussi !

VIVIE, se dirigeant vers la porte de la cuisine et l'ouvrant, ignorant sa mère. Et maintenant, à propos du souper ? [Tous se lèvent sauf Mme Warren] Nous serons plutôt bondés ici, j'en ai peur.

Mme WARREN. As-tu entendu ce que j'ai dit, Vivie ?

VIVIE, doucement. Oui, maman. [Revenant à la difficulté du souper] Combien sommes-nous ? [Comptage] Un, deux, trois, quatre, cinq, six. Eh bien, deux devront attendre que le reste soit terminé : Mme Alison n'a que des assiettes et des couteaux pour quatre.

PRIÈRE. Oh, ça n'a pas d'importance pour moi. JE-

VIVIE. Vous avez fait une longue marche et vous avez faim, Monsieur Praed : vous dînerez tout de suite. Je peux attendre moi-même. Je veux qu'une personne attende avec moi. Franck : tu as faim ?

FRANC. Pas le moindre au monde. Complètement hors de mon goût, en fait.

MME WARREN [à Crofts] Vous non plus, George. Tu peux attendre.

CROFTS. Oh, arrête, je n'ai rien mangé depuis l'heure du thé. Sam ne peut-il pas le faire ?

FRANC. Voudriez-vous affamer mon pauvre père ?

TOUR. S. [irrité] Permettez-moi de parler pour moi, monsieur. Je suis parfaitement disposé à attendre.

VIVIE, décisive. Ce n'est pas nécessaire. Seulement deux sont recherchés. [Elle ouvre la porte de la cuisine]. Voulez-vous emmener ma mère, M. Gardner. [Le pasteur emmène Mme Warren ; et ils passent dans la cuisine. Praed et Crofts suivent. Tous, à l'exception de Praed, désapprouvent clairement cet arrangement, mais ne savent pas comment y résister. Vivie se tient à la porte et les regarde]. Pouvez-vous vous faufiler dans ce coin, M. Praed : c'est plutôt serré. Prenez soin de votre manteau contre le badigeonnage : c'est vrai. Maintenant, êtes-vous tous à l'aise ?

PRAED [à l'intérieur] Tout à fait , merci.

MME WARREN [à l'intérieur] Laissez la porte ouverte, chérie. [Vivie fronce les sourcils ; mais Frank l'arrête d'un geste et se faufile jusqu'à la porte du cottage, qu'il ouvre doucement grande ouverte]. Oh Lor, quelle ébauche ! Tu ferais mieux de la fermer, chérie.

[Vivie la ferme avec claquement, puis, constatant avec dégoût que le chapeau et le châle de sa mère traînent, les emmène soigneusement près de la fenêtre, tandis que Frank ferme sans bruit la porte du cottage.]

FRANC, exultant : Aha ! Je m'en suis débarrassé . Eh bien, Vivvums : que penses-tu de mon gouverneur ?

VIVIE, préoccupée et sérieuse. Je ne lui ai presque pas parlé. Il ne me semble pas être une personne particulièrement compétente.

FRANC. Eh bien, vous savez, le vieil homme n'est pas aussi idiot qu'il en a l'air. Vous voyez, il a plutôt été poussé dans l'Église ; et en essayant d'être à la hauteur, il se fait un bien plus gros cul qu'il ne l'est réellement. Je ne le déteste pas autant qu'on pourrait le croire. Il veut bien dire. Comment penses-tu que tu vas t'entendre avec lui ?

VIVIE [plutôt sombre] Je ne pense pas que ma vie future sera beaucoup concernée par lui, ou par l'un des anciens cercles de ma mère, sauf peut-être Praed . [Elle s'assoit sur le banc] Que penses-tu de ma mère ?

FRANC. Vraiment et véritablement ?

VIVIE. Oui, vraiment et véritablement.

FRANC. Eh bien, elle est toujours très joyeuse. Mais c'est plutôt une prudence, n'est-ce pas ? Et Crofts ! Oh, mon œil, Crofts ! [Il s'assoit à côté d'elle].

VIVIE. Quelle somme, Frank !

FRANC. Quel équipage !

VIVIE [avec un intense mépris pour eux] Si je pensais que *j'étais* comme ça, que j'allais être un gaspilleur, passant d'un repas à l'autre sans but, sans caractère et sans courage, je le ferais. ouvrir une artère et saigner à mort sans un instant d'hésitation.

FRANC. Oh non, tu ne le ferais pas. Pourquoi devraient-ils accepter des difficultés alors qu'ils peuvent se permettre de ne pas le faire ? J'aurais aimé avoir leur chance. Non : ce que je conteste, c'est leur forme. Ce n'est pas la chose : c'est négligé, toujours très négligé.

VIVIE. Pensez-vous que votre forme sera meilleure quand vous serez aussi vieux que Crofts, si vous ne travaillez pas ?

FRANC. Bien sur que oui. C'est tellement mieux. Vivvums ne doit pas faire la leçon : son petit garçon est incorrigible. [Il tente de lui prendre le visage d'une manière caressante dans ses mains.]

VIVIE, frappant brusquement ses mains. C'est parti : Vivvums n'est pas d'humeur à caresser son petit garçon ce soir. [Elle se lève et s'avance de l'autre côté de la pièce].

FRANC, la suivant. Comme c'est méchant !

VIVIE, lui frappant du pied Sois sérieux. Je suis sérieux.

FRANC. Bien. Parlons doctement, Miss Warren : savez-vous que tous les penseurs les plus avancés sont d'accord pour dire que la moitié des maladies de la civilisation moderne sont dues à la famine des affections des jeunes. Maintenant *je* -

VIVIE, le coupant court Vous êtes bien ennuyeux. [Elle ouvre la porte intérieure] As-tu de la place pour Frank là-bas ? Il se plaint de faim.

MME WARREN [à l'intérieur] Bien sûr, il y a [un bruit de couteaux et de verres alors qu'elle déplace les objets sur la table]. Ici! il y a de la place maintenant à côté de moi. Venez, M. Frank.

FRANC. Son petit garçon le sera toujours avec ses Vivvums pour ça. [Il passe dans la cuisine].

MME WARREN [à l'intérieur] Tiens, Vivie : viens toi aussi, mon enfant. Vous devez être affamé. [Elle entre, suivie de Crofts, qui tient la porte ouverte avec une déférence marquée. Elle sort sans le regarder ; et il ferme la porte après elle]. Pourquoi Georges, tu n'y peux rien : tu n'as rien mangé. Y a-t-il quelque chose qui ne va pas chez vous ?

CROFTS. Oh, tout ce que je voulais, c'était un verre. [Il met les mains dans ses poches et se met à rôder dans la pièce, agité et boudeur.]

Mme WARREN. Eh bien, j'aime assez manger. Mais un peu de bœuf froid, de fromage et de laitue fait beaucoup de bien. [Avec un soupir à moitié rassasié, elle s'assoit paresseusement sur le banc].

CROFTS. Pourquoi allez-vous encourager ce jeune chiot ?

MME WARREN [en alerte immédiatement] Maintenant, vois ici, George : que fais-tu à propos de cette fille ? J'ai observé ta façon de la regarder. N'oubliez pas : je vous connais et je connais ce que signifie votre apparence.

CROFTS. Il n'y a aucun mal à la regarder, n'est-ce pas ?

Mme WARREN. Je vous mettrais dehors et vous ramènerais à Londres très bientôt si je voyais vos bêtises. Le petit doigt de ma fille est plus pour moi que tout ton corps et ton âme. [Crofts reçoit cela avec un sourire narquois. Mme Warren, rougissant un peu de son échec à s'imposer dans le personnage d'une mère théâtralement dévouée, ajoute dans une tonalité inférieure] Rassurez-vous : le jeune chiot n'a pas plus de chance que vous.

CROFTS. Un homme ne peut-il pas s'intéresser à une fille ?

Mme WARREN. Pas un homme comme toi.

CROFTS. Quel âge a-t-elle?

Mme WARREN. Peu importe son âge.

CROFTS. Pourquoi en faites-vous un tel secret ?

Mme WARREN. Parce que je choisis.

CROFTS. Eh bien, je n'ai pas encore cinquante ans ; et ma propriété est aussi bonne qu'elle ne l'a jamais été.

Mme, l'interrompant : Oui ; parce que tu es aussi avare que vicieux .

CROFTS, continuant. Et on ne ramasse pas un baronnet tous les jours.

Aucun autre homme dans ma situation ne vous supporterait comme belle-mère. Pourquoi ne devrait-elle pas m'épouser ?

Mme WARREN. Toi!

CROFTS. Nous pourrions tous les trois vivre ensemble assez confortablement. Je mourrais avant elle et lui laisserais une veuve rebondissante avec beaucoup d'argent. Pourquoi pas? Cela m'est venu à l'esprit tout le temps que j'ai marché avec cet imbécile à l'intérieur.

MADAME WARREN [révoltée] Oui ; c'est le genre de chose qui *grandit* dans votre esprit.

[Il s'arrête dans son rôdage ; et les deux se regardent, elle fixement, avec une sorte de crainte derrière son dégoût méprisant : lui furtivement, avec une lueur charnelle dans les yeux et un sourire lâche.]

CROFTS [devenant soudain anxieux et pressé car il ne voit aucun signe de sympathie en elle] Écoute, Kitty : tu es une femme sensée : tu n'as pas besoin de prendre des airs moraux. Je ne poserai plus de questions ; et vous n'avez besoin de réponse à aucune. Je lui confierai toute la propriété ; et si vous voulez un chèque pour vous le jour du mariage, vous pouvez nommer n'importe quel chiffre que vous voudrez, en toute raison.

Mme WARREN. Ainsi en est-il de toi, George, comme de toutes les autres vieilles créatures épuisées !

CROFTS, sauvagement : Bon sang !

[Avant qu'elle puisse répliquer, la porte de la cuisine est ouverte ; et les voix des autres se font entendre revenir. Crofts, incapable de retrouver sa présence d'esprit, se précipite hors du chalet. Le pasteur apparaît à la porte de la cuisine.]

TOUR. S. [regardant autour de lui] Où est Sir George ?

Mme WARREN. Je suis sorti prendre une pipe. [L'ecclésiastique prend son chapeau sur la table et rejoint Mme Warren au coin du feu. Pendant ce temps, Vivie entre, suivie de Frank, qui s'effondre sur la chaise la plus proche avec un air d'épuisement extrême. Mme Warren regarde Vivie et dit, avec son affectation de protection maternelle encore plus forcée que d'habitude] Eh bien, ma chérie, as-tu bien dîné ?

VIVIE. Vous savez quels sont les dîners de Mme Alison. [Elle se tourne vers Frank et le caresse] Pauvre Frank ! est-ce que tout le bœuf a disparu ? est-ce qu'il n'a eu que du pain, du fromage et de la bière au gingembre ? [Sérieusement, comme si elle avait fait assez de bêtises pour une soirée] Son beurre est vraiment horrible. Il faut que j'en récupère dans les magasins.

FRANC. Faites-le, au nom du Ciel !

[Vivie se dirige vers le bureau et rédige un mémorandum pour commander le beurre. Praed arrive de la cuisine, mettant en place son mouchoir, qu'il utilise comme serviette.]

TOUR. S. Frank, mon garçon : il est temps pour nous de penser à la maison.

Ta mère ne sait pas encore que nous avons des visiteurs.

PRIÈRE. J'ai peur que nous causions des ennuis.

FRANC, se levant. Pas des moindres : ma mère sera ravie de vous voir. C'est une femme artistique véritablement intellectuelle ; et elle ne voit personne ici d'une fin d'année à l'autre, sauf le gouverneur ; vous pouvez donc imaginer à quel point cela s'avère ennuyeux pour elle. [A son père] Tu n'es ni intellectuel ni artistique : es-tu pater ? Alors ramenez Praed à la maison immédiatement ; et je vais rester ici et divertir Mme Warren. Vous récupérerez Crofts dans le jardin. Il sera une excellente compagnie pour le chiot taureau.

PRAED (prenant son chapeau sur la commode et s'approchant de Frank) Viens avec nous, Frank. Mme Warren n'a pas vu Miss Vivie depuis longtemps ; et nous les avons encore empêchés de passer un moment ensemble.

FRANC [assez adouci et regardant Praed avec une admiration romantique] Bien sûr. J'ai oublié. Merci toujours de me le rappeler. Parfait gentleman, Paddy . L'ont toujours été. Mon idéal à travers la vie. [Il se lève pour partir, mais s'arrête un instant entre les deux hommes plus âgés et pose sa main sur l'épaule de Praed]. Ah, si tu avais été mon père au lieu de cet indigne vieillard ! [Il pose son autre main sur l'épaule de son père].

TOUR. S., éclatant. Silence, monsieur, silence : vous êtes un profane.

MME WARREN [riant de bon cœur] Tu devrais le garder en meilleur ordre, Sam. Bonne nuit. Tiens : prends son chapeau à George et reste avec mes compliments.

TOUR. S. [les emmenant] Bonne nuit. [Ils se serrent la main. En croisant Vivie, il lui serre également la main et lui souhaite bonne nuit. Puis, dans un commandement retentissant, à Frank] Venez, monsieur, immédiatement. [Il sort].

Mme WARREN. Au revoir , Paddy .

PRIÈRE. Au revoir , Kitty.

[Ils se serrent affectueusement la main et sortent ensemble, elle l'accompagne jusqu'à la porte du jardin.]

FRANC, à Vivie : Kissums ?

VIVIE, farouchement : Non. Je te déteste. [Elle prend quelques livres et du papier sur le bureau et s'assoit avec eux à la table du milieu, au fond, près de la cheminée.]

FRANK, grimaçant : Désolé. [Il va chercher sa casquette et son fusil. Mme Warren revient. Il lui prend la main] Bonne nuit, chère Mme Warren. [Il lui baise la main. Elle l'arrache, les lèvres serrées, et semble plus qu'à moitié disposée à lui botter les oreilles. Il rit malicieusement et s'enfuit en frappant à la porte derrière lui.

Mme WARREN (se résignant à une soirée d'ennui maintenant que les hommes sont partis) Avez-vous déjà entendu quelqu'un dans votre vie parler ainsi ? N'est-il pas un taquin ? [Elle s'assoit à table]. Maintenant que j'y pense, chérie, ne va pas l'encourager. Je suis sûr que c'est un bon à rien ordinaire.

VIVIE, se levant pour chercher d'autres livres. J'en ai bien peur. Pauvre Franck ! Il faudra que je me débarrasse de lui ; mais je le plaindrai, même s'il n'en vaut pas la peine. Cet homme Crofts ne me semble pas non plus bon à grand-chose : n'est-ce pas ? [Elle jette les livres sur la table un peu brutalement].

MADAME WARREN [agacée par l'indifférence de Vivie] Que sais-tu des hommes, mon enfant, pour parler ainsi d'eux ? Vous devrez vous décider à voir beaucoup de Sir George Crofts, car c'est un de mes amis.

VIVIE, absolument impassible. Pourquoi ? [Elle s'assoit et ouvre un livre]. Pensez-vous que nous serons beaucoup ensemble ? Toi et moi, je veux dire ?

Mme WARREN [la regardant] Bien sûr : jusqu'à ce que vous soyez marié. Tu ne retourneras plus à l'université.

VIVIE. Pensez-vous que mon mode de vie vous conviendrait ? J'en doute.

Mme WARREN. Votre mode de vie ! Que veux-tu dire?

VIVIE, coupant une page de son livre avec le coupe-papier sur sa châtelaine. Ne t'es-tu vraiment jamais imaginé, maman, que j'ai une manière de vivre comme les autres ?

Mme WARREN. De quelle absurdité es- tu en train de dire ? Voulez-vous montrer votre indépendance, maintenant que vous êtes une petite personne formidable à l'école ? Ne sois pas idiot, mon enfant.

VIVIE, avec indulgence. C'est tout ce que tu as à dire à ce sujet, n'est-ce pas, maman ?

MME WARREN [perplexe, puis en colère] Ne continuez pas à me poser des questions comme ça. [Violemment] Taisez-vous. [Vivie travaille sans perdre de temps et sans rien dire]. Vous et votre mode de vie, en effet ! Et ensuite ? [Elle regarde à nouveau Vivie. Pas de réponse].

Votre mode de vie sera ce que je veux, donc ce sera le cas. [Une autre pause]. J'ai remarqué ces airs en toi depuis que tu as ces tripos ou peu importe comment tu l'appelles. Si vous pensez que je vais les supporter, vous vous trompez ; et plus tôt vous le découvrirez, mieux ce sera. [Marmonnant] Tout ce que j'ai à dire sur le sujet, en effet ! [Élevant à nouveau la voix avec colère] Savez-vous à qui vous parlez, Mademoiselle ?

VIVIE (la regardant sans lever la tête de son livre) Non. Qui es-tu ? Qu'est-ce que tu es?

MME WARREN [se levant à bout de souffle] Espèce de jeune lutin !

VIVIE. Tout le monde connaît ma réputation, mon statut social et le métier que je compte exercer. Je ne sais rien à propos de vous. Quel est ce mode de vie que vous m'invitez à partager avec vous et Sir George Crofts, je vous prie ?

Mme WARREN. Prends soin de toi. Je ferai quelque chose dont je serai désolé après, et toi aussi.

VIVIE [mettant de côté ses livres avec une décision cool] Eh bien, laissons tomber le sujet jusqu'à ce que vous soyez mieux à même d'y faire face. [Regardant sa mère d'un œil critique] Vous voulez de bonnes promenades et un peu de tennis sur gazon pour vous mettre en forme. Vous êtes terriblement en mauvais état : vous n'avez pas pu gravir vingt mètres de côte aujourd'hui sans vous arrêter pour haleter ; et vos poignets ne sont que des rouleaux de graisse. Regardez le mien. [Elle tend les poignets].

MME WARREN [après l'avoir regardée, impuissante, commence à gémir] Vivie—

VIVIE, se levant brusquement. Maintenant, je vous prie, ne commencez pas à pleurer. Tout sauf ça. Je ne supporte vraiment pas de pleurnicher. Je sortirai de la pièce si vous le faites.

MME WARREN [piteusement] Oh, ma chérie, comment peux-tu être si dure avec moi ? N'ai-je aucun droit sur toi en tant que mère ?

VIVIE. Êtes -vous ma mère?

Mme WARREN. *Suis* -je ta mère ? Ah Vivie !

VIVIE. Alors où sont nos proches ? Mon père? nos amis de la famille ? Vous revendiquez les droits d'une mère : le droit de me traiter d'imbécile et d'enfant ; me parler comme aucune femme ayant autorité sur moi au collège n'ose me parler ; dicter mon mode de vie ; et de m'imposer la connaissance d'une brute que tout le monde peut considérer comme le genre d'homme de Londres le plus vicieux de la ville. Avant de me donner la peine de résister à de telles affirmations, autant découvrir si elles ont une réelle existence.

MME WARREN [distraite, se jetant à genoux] Oh non, non.

Stop STOP. Je *suis* ta mère : je le jure. Oh, tu ne peux pas vouloir te retourner contre moi, mon propre enfant ! ce n'est pas naturel. Tu me crois, n'est-ce pas ? Dis que tu me crois.

VIVIE. Qui était mon père ?

Mme WARREN. Vous ne savez pas ce que vous demandez. Je ne peux pas vous le dire.

VIVIE, déterminée : Oh oui, tu peux, si tu veux. J'ai le droit de savoir; et tu sais très bien que j'ai ce droit. Vous pouvez refuser de me le dire s'il vous plaît ; mais si vous le faites, vous ne me verrez plus demain matin.

Mme WARREN. Oh, c'est trop horrible de t'entendre parler comme ça. Tu ne pourrais pas—tu *ne pourrais pas* me quitter.

VIVIE, impitoyablement Oui, sans hésiter un instant, si vous plaisantez avec moi à ce sujet. [Frissonnant de dégoût] Comment puis-je être sûr de ne pas avoir le sang contaminé de ce dévastateur brutal dans mes veines ?

Mme WARREN. Non non. Sur mon serment, ce n'est pas lui, ni aucun des autres que vous avez jamais rencontrés. J'en suis au moins certain.

[Les yeux de Vivie se fixent sévèrement sur sa mère alors que la signification de cela lui apparaît.]

VIVIE, lentement. Tu en es certaine, au *moins* . Ah ! Vous voulez dire que c'est tout ce dont vous êtes sûr. [Pensivement] Je vois. [Mme Warren enfouit son visage dans ses mains]. Ne fais pas ça, maman : tu sais que tu ne le sens pas du tout. [Mme Warren baisse les mains et lève un regard déplorable vers Vivie, qui sort sa montre et dit] Eh bien, ça suffit pour ce soir. A quelle heure souhaitez-vous le petit-déjeuner ? Est-ce que huit heures et demie sont trop tôt pour vous ?

MME WARREN [sauvagement] Mon Dieu, quel genre de femme es-tu ?

VIVIE, froidement : C'est de cette sorte dont le monde est principalement fait, j'espère. Sinon, je ne comprends pas comment il fait son travail.

Viens [prenant sa mère par le poignet et la tirant assez résolument] : ressaisissez-vous. C'est exact.

MME WARREN (irritable) Vous êtes très dure avec moi, Vivie.

VIVIE. Absurdité. Et le lit ? Il est dix heures passées.

MME WARREN (passionnellement) A quoi ça sert d'aller me coucher ? Pensez-vous que je pourrais dormir ?

VIVIE. Pourquoi pas? Je vais.

Mme WARREN. Toi! tu n'as pas de cœur. [Elle éclate soudain avec véhémence dans sa langue naturelle – le dialecte d'une femme du peuple – avec toutes ses affectations d'autorité maternelle et ses manières conventionnelles disparues, et une inspiration écrasante de vraie conviction et de mépris en elle.] Oh, je ne le supporterai pas . : Je n'accepterai pas cette injustice. De quel droit t'installes-tu ainsi au-dessus de moi ? Vous vous vantez de ce que vous êtes pour moi, pour *moi* qui vous ai donné la chance d'être ce que vous êtes. Quelle chance avais-je ? Honte à vous pour une mauvaise fille et une prude coincée !

VIVIE, s'asseyant en haussant les épaules, n'ayant plus confiance ; car ses réponses, qui lui ont paru raisonnables et fortes jusqu'à présent, commencent maintenant à sonner de manière plutôt rigide et même acerbe contre le nouveau ton de sa mère.] Ne pensez pas un seul instant que je me place au-dessus de vous d'une manière ou d'une autre. Vous m'avez attaqué avec l'autorité conventionnelle d'une mère : je me suis défendu avec la supériorité conventionnelle d'une femme respectable. Franchement, je ne supporterai aucune de vos bêtises ; et quand vous le laisserez tomber , je ne m'attendrai pas à ce que vous supportiez l'un des miens. Je respecterai toujours votre droit à vos propres opinions et à votre propre mode de vie.

Mme WARREN. Mes propres opinions et mon propre mode de vie ! Écoutez-la parler ! Pensez-vous que j'ai été élevé comme vous ? capable de choisir mon propre mode de vie ? Pensez-vous que j'ai fait ce que j'ai fait parce que ça me plaisait, ou parce que je pensais que c'était bien, ou que je n'aurais pas préféré aller à l'université et être une femme si j'en avais eu l'occasion ?

VIVIE. Tout le monde a le choix, maman. La fille la plus pauvre du monde n'aura peut-être pas le choix entre être reine d'Angleterre ou directrice de Newnham ; mais elle peut choisir entre le chiffonnage et la vente de fleurs , selon ses goûts. Les gens blâment toujours les circonstances pour ce qu'elles sont. Je ne crois pas aux circonstances. Les gens qui réussissent dans ce monde sont ceux qui se lèvent et recherchent les circonstances qu'ils souhaitent et, s'ils ne peuvent pas les trouver, les créent.

Mme WARREN. Oh, c'est facile de parler, n'est-ce pas ? Ici! Voudriez-vous savoir quelle était *ma* situation ?

VIVIE. Oui : tu ferais mieux de me le dire. Tu ne veux pas t'asseoir ?

Mme WARREN. Oh, je vais m'asseoir : n'aie pas peur. [Elle plante sa chaise plus en avant avec une énergie effrontée et s'assoit. Vivie est impressionnée malgré elle.] Tu sais ce qu'était ta grand-mère ?

VIVIE. Non.

Mme WARREN. Non, ce n'est pas le cas. Je fais. Elle se disait veuve et possédait un magasin de poisson frit près de la Monnaie, et se tenait à l'écart, elle et ses quatre filles. Deux d'entre nous étaient sœurs : c'était moi et Liz ; et nous étions tous deux beaux et bien faits. Je suppose que notre père était un homme bien nourri : notre mère prétendait qu'il était un gentleman ; mais je ne sais pas. Les deux autres n'étaient que des demi-sœurs : de petite taille, laides, affamées, travaillant dur , honnêtes et pauvres créatures : Liz et moi les aurions à moitié assassinées si notre mère ne nous avait pas à moitié assassinés pour ne pas les toucher. C'étaient eux les plus respectables. Eh bien, qu'ont-ils obtenu grâce à leur respectabilité ? Je te le dirai. L'une d'elles travaillait dans une usine de céruse douze heures par jour pour neuf shillings par semaine jusqu'à ce qu'elle meure d'un empoisonnement au plomb. Elle s'attendait seulement à avoir les mains un peu paralysées ; mais elle est morte. L'autre nous a toujours été présentée comme un modèle parce qu'elle avait épousé un employé du gouvernement dans le parc d'avitaillement de Deptford et qu'elle gardait sa chambre et ses trois enfants propres et bien rangés avec dix-huit shillings par semaine – jusqu'à ce qu'il se mette à boire. Cela valait la peine d'être respectable, n'est-ce pas ?

VIVIE [maintenant pensivement attentive] C'est ce que vous et votre sœur pensiez ?

Mme WARREN. Liz ne l'a pas fait, je peux vous le dire : elle avait plus d'entrain. Nous sommes allés tous les deux dans une école paroissiale – cela faisait partie des airs féminins que nous nous donnions pour être supérieurs aux enfants qui ne savaient rien et n'allaient nulle part – et nous y sommes restés jusqu'à ce que Liz sorte un soir et ne revienne jamais. Je sais que la maîtresse d'école pensait que je suivrais bientôt son exemple ; car le pasteur me prévenait toujours que Lizzie finirait par sauter du pont de Waterloo. Pauvre imbécile : c'est tout ce qu'il en savait ! Mais j'avais plus peur de l'usine de céruse que de la rivière ; et tu aurais été à ma place aussi . Cet ecclésiastique m'a trouvé un poste de femme de ménage dans un restaurant de tempérance où ils envoyaient tout ce que vous vouliez. Ensuite, j'étais serveuse ; puis je suis allé au bar de la gare de Waterloo : quatorze heures par jour, je servais des boissons et lavais des verres pour quatre shillings par semaine ainsi que ma pension. Cela a été considéré comme une excellente promotion pour moi. Eh bien, une nuit froide et misérable, alors que j'étais si fatigué que je pouvais à peine me tenir éveillé, qui devrait venir chercher une moitié de scotch sinon Lizzie, dans un long manteau de fourrure, élégante et confortable, avec beaucoup de souverains dans son sac à main. .

VIVIE, sombre : Ma tante Lizzie !

Mme WARREN. Oui; et une très bonne tante à avoir aussi. Elle vit maintenant à Winchester, près de la cathédrale, c'est l'une des dames les plus respectables de la ville. Chaperons les filles au bal country, s'il vous plaît. Pas de rivière pour Liz, merci ! Vous me faites un peu penser à Liz : elle était une femme d'affaires de premier ordre – elle économisait de l'argent dès le début – ne se laissait jamais trop ressembler à ce qu'elle était – ne perdait jamais la tête ni ne laissait passer une chance. Quand elle a vu que j'étais devenu beau, elle m'a dit de l'autre côté du bar : « Qu'est-ce que tu fais là, petit imbécile ? usant votre santé et votre apparence au profit des autres ! Liz économisait alors de l'argent pour s'acheter une maison à Bruxelles ; et elle pensait que nous pourrions économiser plus vite qu'un. Alors elle m'a prêté de l'argent et m'a donné un départ ; et j'ai économisé régulièrement et je l'ai d'abord remboursée, puis je me suis lancé en affaires avec elle en tant qu'associée. Pourquoi n'aurais-je pas dû le faire ? La maison de Bruxelles était vraiment haut de gamme : un bien meilleur endroit pour une femme que l'usine où Anne Jane a été empoisonnée. Aucune des filles n'a jamais été traitée comme j'ai été traitée dans l'arrière-cuisine de ce lieu de tempérance, au bar de Waterloo ou à la maison. Auriez-vous voulu que je reste là-dedans et que je devienne une vieille corvée épuisée avant mes quarante ans ?

VIVIE, intensément intéressée par ce moment. Non ; mais pourquoi as-tu choisi cette entreprise ? Économiser de l'argent et une bonne gestion réussiront dans toute entreprise.

Mme WARREN. Oui, économiser de l'argent. Mais où une femme peut-elle trouver l'argent nécessaire pour épargner dans d'autres activités ? Pourriez-vous économiser quatre shillings par semaine tout en restant habillé ? Pas toi. Bien sûr, si vous êtes une femme simple et que vous ne pouvez rien gagner de plus ; ou si vous avez un penchant pour la musique, la scène ou la rédaction de journaux : c'est différent. Mais ni Liz ni moi n'avions le moindre penchant pour de telles choses : tout ce que nous avions, c'était notre apparence et notre tour à plaire aux hommes. Pensez-vous que nous avons été assez stupides pour laisser d'autres personnes échanger notre beauté en nous employant comme vendeuses, barmaids ou serveuses, alors que nous pourrions les échanger nous-mêmes et obtenir tous les bénéfices au lieu d'un salaire de misère ? Pas probable.

VIVIE. Vous étiez certainement tout à fait justifié, du point de vue commercial.

Mme WARREN. Oui; ou tout autre point de vue. Que peut faire une jeune fille respectable, si ce n'est capter l'imagination d'un homme riche et profiter de son argent en l'épousant ? — comme si une cérémonie de mariage pouvait faire une différence dans le bien ou le mal de la chose ! Oh, l'hypocrisie du monde me rend malade ! Liz et moi avons dû travailler, économiser et calculer comme les autres ; autrement, nous serions aussi pauvres que n'importe quel bon à rien ivre qui gaspille une femme qui pense que sa chance durera éternellement . [Avec beaucoup d'énergie] Je méprise ces gens-là : ils n'ont aucun caractère ; et s'il y a une chose que je déteste chez une femme, c'est le manque de caractère.

VIVIE. Allons, maman : franchement ! Cela ne fait-il pas partie de ce que vous appelez le caractère d'une femme qu'elle n'aime pas beaucoup cette façon de gagner de l'argent ?

Mme WARREN. Pourquoi, bien sûr. Tout le monde n'aime pas devoir travailler et gagner de l'argent ; mais ils doivent quand même le faire. Je suis sûr que j'ai souvent plaint une pauvre fille, fatiguée et de mauvaise humeur, devant essayer de plaire à un homme dont elle ne se soucie pas du tout - un imbécile à moitié ivre qui pense qu'il se rend agréable quand il est taquiner, inquiéter et dégoûter une femme de telle sorte que presque aucun argent ne pouvait la payer pour le supporter. Mais elle doit supporter les désagréables et prendre le dur avec le doux, tout comme une infirmière dans un hôpital ou n'importe qui d'autre. Ce n'est pas un travail qu'une femme ferait pour le plaisir, Dieu sait ; mais à entendre parler les gens pieux , on croirait que c'est un lit de roses.

VIVIE. Pourtant, vous considérez que cela en vaut la peine . C'est payant.

Mme WARREN. Bien sûr, cela vaut la peine pour une pauvre fille, si elle peut résister à la tentation et si elle est belle, bien conduite et sensée. C'est bien mieux que n'importe quel autre emploi qui s'offre à elle.

J'ai toujours pensé que ça ne devrait pas être le cas. Ce *n'est pas* normal, Vivie, qu'il n'y ait pas de meilleures opportunités pour les femmes. Je m'en tiens à cela : c'est faux. Mais c'est vrai ou faux ; et une fille doit en tirer le meilleur parti. Mais bien sûr, cela n'en vaut pas la peine pour une femme. Si vous l'acceptiez, vous seriez un imbécile ; mais j'aurais été idiot si j'avais choisi autre chose.

VIVIE, de plus en plus émue. Mère : supposons que nous soyons toutes les deux aussi pauvres que toi en ces temps misérables, es-tu bien sûre que tu ne me conseillerais pas d'essayer le bar de Waterloo, ou d'épouser un ouvrier, ou même d'y aller ? dans l'usine ?

Mme WARREN [avec indignation] Bien sûr que non. Pour quelle sorte de mère me prenez-vous ! Comment pourriez-vous garder votre estime de vous-même malgré une telle famine et un tel esclavage ? Et que vaut une femme ? que vaut la vie ? sans respect de soi ! Pourquoi suis-je indépendante et capable de donner à ma fille une éducation de premier ordre, alors que d'autres femmes qui ont eu d'aussi bonnes opportunités sont dans le caniveau ? Parce que j'ai toujours su me respecter et me contrôler. Pourquoi Liz est-elle admirée dans une ville cathédrale ? La même raison. Où en serions-nous maintenant si nous avions fait attention aux bêtises du pasteur ? Récurer les sols pour un ou six pence par jour et rien d'autre à espérer que l'infirmerie de l'hospice. Ne te laisse pas égarer par des gens qui ne connaissent pas le monde, ma fille. La seule façon pour une femme de subvenir à ses besoins décemment est d'être bonne envers un homme qui peut se permettre d'être bon avec elle. Si elle est dans sa propre situation de vie, qu'elle le fasse l'épouser ; mais si elle est bien en dessous de lui, elle ne peut pas s'y attendre : pourquoi le devrait-elle ? ce ne serait pas pour son propre bonheur. Demandez à n'importe quelle femme de la société londonienne qui a des filles : et elle te dira la même chose, sauf que je te le dis franchement et elle te le dira de manière tordue. C'est toute la différence.

VIVIE, fascinée, la regardant. Ma chère mère : tu es une femme merveilleuse : tu es plus forte que toute l'Angleterre. Et n'êtes-vous vraiment pas du tout dubitatif – ou – ou – honteux ?

Mme WARREN. Eh bien, bien sûr, ma chérie, ce n'est que de bonnes manières d'en avoir honte : c'est ce qu'on attend d'une femme. Les femmes doivent faire semblant de ressentir beaucoup de choses qu'elles ne ressentent pas. Liz était en colère contre moi parce que j'avais révélé la vérité à ce sujet. Elle disait que lorsque chaque femme pouvait en apprendre suffisamment sur ce qui se passait dans le monde sous ses yeux, il n'était pas nécessaire de lui en parler. Mais Liz était une femme tellement parfaite ! Elle en avait le véritable instinct ; alors que j'ai toujours été un peu vulgaire. J'étais si heureux quand tu m'envoyais tes photos pour voir que tu grandissais comme Liz : tu as juste son côté féminin et déterminé. Mais je ne supporte pas de dire une chose alors que tout le monde sait que je pense en une autre. A quoi sert une telle hypocrisie ? Si les gens organisent le monde de cette façon pour les femmes, il ne sert à rien de prétendre qu'il est arrangé dans l'autre sens. Non : je n'ai jamais vraiment eu honte. Je considère que j'avais le droit d'être fier de la façon dont nous avons tout géré de manière si respectable, sans jamais avoir un mot contre nous, et de la façon dont les filles ont été si bien prises en charge. Certains d'entre eux s'en sortent très bien : l'un d'eux épouse un ambassadeur. Mais bien sûr, maintenant, je n'ose plus parler de telles choses : qu'est-ce qu'ils penseraient de nous ! [Elle bâille]. Oh cher! Je crois que je commence à avoir sommeil après tout. [Elle s'étire paresseusement, complètement soulagée par son explosion et placidement prête pour sa nuit de sommeil].

VIVIE. Je crois que c'est moi qui ne parviendrai pas à dormir maintenant. [Elle se dirige vers la commode et allume la bougie. Puis elle éteint la lampe, obscurcissant beaucoup la pièce.] Mieux vaut laisser entrer un peu d'air frais avant de fermer la porte. [Elle ouvre la porte du cottage et constate qu'il fait grand clair de lune]. Quelle belle nuit! Regarder! [Elle tire les rideaux de la fenêtre. Le paysage est baigné par l'éclat de la lune des récoltes se levant sur Blackdown].

MME WARREN (avec un regard superficiel sur la scène) Oui, chérie ; mais prenez garde à ne pas attraper le rhume à cause de l'air nocturne.

VIVIE, avec mépris : C'est absurde.

MME WARREN [d'un ton mécontent] Oh oui : tout ce que je dis est absurde, selon vous.

VIVIE, se tournant vivement vers elle Non : vraiment ce n'est pas vrai, maman.

Vous avez complètement pris le dessus sur moi ce soir, même si je voulais que ce soit le contraire. Soyons de bons amis maintenant.

MME WARREN [secouant la tête un peu tristement] Donc ça *a* été l'inverse. Mais je suppose que je dois y céder. J'ai toujours eu le pire de Liz ; et maintenant je suppose que ce sera la même chose avec toi.

VIVIE. Bref, oublie ça. Viens : bonne nuit, chère vieille mère. [Elle prend sa mère dans ses bras].

MME WARREN [avec tendresse] Je t'ai bien élevé, n'est-ce pas, chérie ?

VIVIE. Tu l'as fait.

Mme WARREN. Et vous serez gentil avec votre pauvre vieille mère, n'est-ce pas ?

VIVIE. Je le ferai, chérie. [L'embrassant] Bonne nuit.

MME WARREN [avec onction] Bénédictions sur ma chère chérie ! la bénédiction d'une mère !

[Elle embrasse sa fille de manière protectrice , regardant instinctivement vers le haut pour obtenir la sanction divine.]

ACTE III

[Dans le jardin du Presbytère le lendemain matin, avec le soleil qui brille dans un ciel sans nuages. Le mur du jardin est doté au milieu d'une porte en bois à cinq barreaux, suffisamment large pour laisser passer une voiture. À côté du portail est suspendue une cloche sur un ressort hélicoïdal, communiquant avec une tirette extérieure. Le chemin de calèche descend au milieu du jardin puis fait un écart sur la gauche où il aboutit dans un petit cirque gravillonné face au porche du Presbytère. Au-delà de la porte, on aperçoit la grande route poussiéreuse, parallèle au mur, limitée de l'autre côté par une bande de gazon et une pinède non clôturée. Sur la pelouse, entre la maison et l'allée, se trouve un if taillé, avec un banc de jardin à son ombre. Du côté opposé, le jardin est clôturé par une haie de buis ; et il y a un petit cadran solaire sur la pelouse, avec une chaise en fer près de lui. Un petit sentier traverse la haie de buis, derrière le cadran solaire.]

[Frank, assis sur la chaise près du cadran solaire, sur laquelle il a posé le journal du matin, lit The Standard. Son père revient de la maison, les yeux rouges et frissonnant, et croise le regard de Frank avec méfiance.]

FRANC, regardant sa montre Onze heures et demie. Heureuse heure pour un recteur de descendre prendre le petit déjeuner !

TOUR. S. Ne te moque pas, Frank : ne te moque pas. Je suis un peu—euh— [Frissonnant]—

FRANC. De couleur ?

TOUR. S., répudiant l'expression Non, monsieur : *je ne me sens pas bien* ce matin. Où est ta mère ?

FRANC. Ne vous inquiétez pas : elle n'est pas là. Je suis parti en ville le 11h13 avec Bessie. Elle vous a laissé plusieurs messages. Vous sentez-vous capable de les recevoir maintenant, ou dois-je attendre que vous ayez petit-déjeuner ?

TOUR. S. J'ai déjeuné, monsieur. Je suis surpris que ta mère aille en ville alors que nous avons des gens qui restent avec nous. Ils trouveront cela très étrange.

FRANC. Peut-être qu'elle y a réfléchi. Quoi qu'il en soit, si Crofts doit rester ici et que vous veillez tous les soirs avec lui jusqu'à quatre heures, en vous rappelant les incidents de votre fougueuse jeunesse, il est clairement du devoir de ma mère, en tant que ménagère prudente, d'aller jusqu'à les magasins et commander un baril de whisky et quelques centaines de siphons.

TOUR. S. Je n'ai pas observé que Sir George buvait excessivement.

FRANC. Vous n'étiez pas en état de le faire, gouverneur .

TOUR. S. Voulez-vous dire que *je* ... ?

FRANC, calmement. Je n'ai jamais vu un ecclésiastique bénéficiaire moins sobre. Les anecdotes que vous avez racontées sur votre carrière passée étaient si horribles que je ne pense vraiment pas que Praed aurait passé la nuit sous votre toit sans la façon dont ma mère et lui se comportaient.

TOUR. S. C'est absurde, monsieur. Je suis l'hôte de Sir George Crofts. Je dois lui parler de quelque chose ; et il n'a qu'un seul sujet. Où est M. Praed maintenant?

FRANC. Il conduit ma mère et Bessie à la gare.

TOUR. S. Crofts est-il déjà debout ?

FRANC. Oh, il y a longtemps. Il n'a pas bougé d'un cheveu : il s'entraîne bien mieux que vous. Il a probablement continué comme ça depuis. Il est parti quelque part pour fumer.

[Frank reprend son papier. Le curé se tourne, inconsolable, vers la porte ; puis revient irrésolument.]

TOUR. S. Euh—Frank.

FRANC. Oui.

TOUR. S. Pensez-vous que les Warrens s'attendront à être invités ici après hier après-midi ?

FRANC. On leur a déjà demandé.

TOUR. S. [consterné] Quoi !!!

FRANC. Crofts nous a informés au petit déjeuner que vous lui aviez demandé d'amener Mme Warren et Vivie ici aujourd'hui et de les inviter à faire de cette maison leur maison. Ma mère a alors compris qu'elle devait se rendre en ville par le train de 11h13.

TOUR. S., avec une véhémence désespérée. Je n'ai jamais fait une telle invitation. Je n'ai jamais pensé à une telle chose.

FRANK (avec compassion) Comment savez-vous, gouverneur , ce que vous avez dit et pensé hier soir ?

PRAED [entrant à travers la haie] Bonjour.

TOUR. S. Bonjour. Je dois m'excuser de ne pas vous avoir rencontré au petit-déjeuner. J'ai une touche de—de—

FRANC. "Mal de gorge d'un ecclésiastique, Praed" . Heureusement pas chronique.

PRAED [changeant de sujet] Eh bien, je dois dire que votre maison est dans un endroit charmant ici. Vraiment très charmant.

TOUR. S. Oui : c'est bien le cas. Frank vous emmènera faire une promenade, Monsieur Praed , si tu veux. Je vous demande de m'excuser : je dois profiter de l'occasion pour écrire mon sermon pendant que Mme Gardner est absente et que vous vous amusez tous. Cela ne vous dérangera pas, n'est-ce pas ?

PRIÈRE. Certainement pas. Ne participez pas à la moindre cérémonie avec moi.

TOUR. S. Merci. Je vais… euh… euh … [Il balbutie jusqu'au porche et disparaît dans la maison].

PRIÈRE. Chose curieuse, il doit écrire un sermon chaque semaine.

FRANC. Toujours aussi curieux de savoir s'il l'a fait. Il les achète . Il est allé chercher de l'eau gazeuse.

PRIÈRE. Mon cher garçon : j'aimerais que tu sois plus respectueux envers ton père. Tu sais que tu peux être si gentil quand tu veux.

FRANC. Mon cher Paddy : tu oublies que je dois vivre avec le gouverneur. Lorsque deux personnes vivent ensemble — peu importe qu'ils soient père et fils, mari et femme ou frère et sœur — ils ne peuvent pas maintenir la plaisanterie polie qui est si facile pendant dix minutes lors d'un appel l'après-midi. Or le gouverneur, qui unit à de nombreuses qualités domestiques admirables l'irrésolution d'un mouton et l'emphase et l'agressivité d'un âne...

PRIÈRE. Non, priez, priez, mon cher Frank, souvenez-vous ! C'est ton père.

FRANC. Je lui en donne le mérite. [Il se lève et jette son journal] Mais imaginez qu'il dise à Crofts d'amener les Warrens ici ! Il devait être très ivre. Vous savez, mon cher Paddy , ma mère ne supporterait pas Mme Warren un seul instant. Vivie ne doit pas venir ici avant d'être rentrée en ville.

PRIÈRE. Mais votre mère ne sait rien de Mme Warren, n'est-ce pas ? [Il ramasse le journal et s'assoit pour le lire].

FRANC. Je ne sais pas. Son voyage vers la ville semble être le cas. Cela ne dérangerait pas ma mère de la manière habituelle : elle est restée comme une brique auprès de nombreuses femmes en difficulté. Mais c'étaient toutes des femmes gentilles. C'est ce qui fait la vraie différence. Mme Warren a sans aucun doute ses mérites ; mais elle est toujours aussi tapageuse ; et ma mère ne la supportait tout simplement pas. Alors, bonjour ! [Cette exclamation est provoquée par la réapparition du pasteur, qui sort de la maison précipitamment et consterné].

TOUR. S. Frank : Mme Warren et sa fille traversent la lande avec Crofts : je les ai vues depuis les fenêtres du bureau. Que *dois-* je dire de ta mère ?

FRANC. Mettez votre chapeau et sortez dire combien vous êtes enchanté de les voir ; et que Frank est dans le jardin ; et cette mère et Bessie ont été appelées au chevet d'un parent malade et étaient vraiment désolées de ne pas pouvoir s'arrêter ; et que vous espérez que Mme Warren a bien dormi ; et—et—dites n'importe quelle chose bénie, sauf la vérité, et laissez le reste à la Providence.

TOUR. S. Mais comment s'en débarrasser ensuite ?

FRANC. Nous n'avons pas le temps d'y penser maintenant. Ici! [Il entre dans la maison].

TOUR. S. Il est tellement impétueux. Je ne sais pas quoi faire de lui, M. Praed .

FRANC, revenant avec un feutre de bureau qu'il met sur la tête de son père. Maintenant : c'est parti. [Le faisant passer la porte en toute hâte]. Praed et moi attendrons ici, pour donner à la chose un air non prémédité. [L'ecclésiastique, hébété mais obéissant, s'en va précipitamment].

FRANC. Nous devons ramener la vieille fille en ville d'une manière ou d'une autre, Praed . Viens! Honnêtement, cher Paddy , aimez-vous les voir ensemble ?

PRIÈRE. Oh pourquoi pas?

FRANK (ses dents hérissées) Ça ne fait pas un peu peur à votre chair ? ce méchant vieux diable, jusqu'à toutes les scélératesses du monde, je le jure, et Vivie... pouah !

PRIÈRE. Chut, prie. Ils arrivent.

[On voit le pasteur et Crofts arriver le long de la route, suivis de Mme Warren et Vivie marchant affectueusement ensemble.]

FRANC. Regardez : en fait, elle a son bras autour de la taille de la vieille femme. C'est son bras droit : c'est elle qui l'a commencé. Elle est devenue sentimentale, par Dieu ! Pouah! Pouah! Maintenant, tu sens la chair de poule ? [L'ecclésiastique ouvre le portail : Mme Warren et Vivie le dépassent et se tiennent au milieu du jardin, regardant la maison. Frank, dans une extase de dissimulation, se tourne gaiement vers Mme Warren, s'exclamant] Toujours ravi de vous voir, Mme Warren. Ce calme ancien jardin de presbytère vous convient parfaitement.

Mme WARREN. Eh bien je n'ai jamais! As-tu entendu ça, Georges ? Il dit que j'ai fière allure dans un vieux jardin tranquille de presbytère.

TOUR. S. [tenant toujours la porte pour Crofts, qui traîne à travers, s'ennuyant lourdement] Vous avez l'air bien partout, Mme Warren.

FRANC. Bravo, gouverneur ! Maintenant, regardez ici : prenons une gâterie avant le déjeuner. Voyons d' abord l'église. Tout le monde doit faire ça. C'est une vieille église du XIIIe siècle, vous savez : le gouverneur l'aime beaucoup, car il a constitué un fonds de restauration et l'a fait reconstruire entièrement il y a six ans. Praed pourra montrer ses arguments.

PRAED, se levant. Certainement, si la restauration en a laissé à montrer.

TOUR. S. [les regardant d'un air hospitalier] Je serai ravi, j'en suis sûr, si Sir George et Mme Warren s'en soucient vraiment.

Mme WARREN. Oh, viens et finis-en.

CROFTS, se retournant vers la porte. Je n'ai pas d'objection.

TOUR. S. Pas comme ça. Nous traversons les champs, si cela ne vous dérange pas. Par ici. [Il ouvre le chemin par le petit sentier à travers la haie de buis].

CROFTS. Ah très bien. [Il va avec le curé].

[Praed suit avec Mme Warren. Vivie ne bouge pas : elle les regarde jusqu'à leur départ, avec toutes les lignes de détermination sur son visage qui le marquent fortement.]

FRANC. Tu ne viens pas ?

VIVIE. Non, je veux te donner un avertissement, Frank. Tu te moquais de ma mère tout à l'heure en parlant ainsi du jardin du presbytère. Cela est interdit à l'avenir. S'il vous plaît, traitez ma mère avec autant de respect que vous traitez la vôtre.

FRANC. Ma chère Viv : elle n'apprécierait pas : les deux cas nécessitent un traitement différent. Mais que diable vous est-il arrivé ? Hier soir, nous étions parfaitement d'accord sur votre mère et son ensemble. Ce matin, je vous trouve en train d'adopter une attitude sentimentale avec votre bras autour de la taille de vos parents.

VIVIE, rougissante : Attitude !

FRANC. C'est comme ça que ça m'a frappé. C'est la première fois que je te vois faire une chose de second ordre.

VIVIE, se contrôlant : Oui, Frank : il y a eu un changement : mais je ne pense pas que ce soit un changement pire. Hier, j'étais un petit con.

FRANC. Et aujourd'hui?

VIVIE, grimaçant ; puis le regardant fixement.] Aujourd'hui, je connais ma mère mieux que toi.

FRANC. Dieu nous en garde !

VIVIE. Que veux-tu dire?

FRANC. Viv : il existe une franc-maçonnerie parmi des gens totalement immoraux dont vous ne savez rien. Tu as trop de caractère. *C'est* le lien entre ta mère et moi : c'est pourquoi je la connais mieux que tu ne la connaîtras jamais.

VIVIE. Vous vous trompez : vous ne savez rien d'elle. Si vous saviez les circonstances contre lesquelles ma mère a dû lutter...

FRANC, finissant adroitement la phrase pour elle. Je devrais savoir pourquoi elle est ce qu'elle est, n'est-ce pas ? Quelle différence cela ferait-il?

Circonstances ou pas, Viv, tu ne supporteras pas ta mère.

VIVIE, très en colère : Pourquoi pas ?

FRANC. Parce que c'est une vieille misérable, Viv. Si jamais tu lui passes à nouveau le bras autour de la taille en ma présence, je me tirerai une balle sur-le-champ pour protester contre une exhibition qui me révolte.

VIVIE. Dois-je choisir entre laisser tomber ta connaissance ou laisser tomber celle de ma mère ?

FRANC, gracieusement. Cela désavantagerait la vieille dame. Non, Viv : ton petit garçon entiché devra de toute façon rester à tes côtés. Mais il tient d'autant plus à ce que vous ne commettiez pas d'erreurs. Ça ne sert à rien, Viv : ta mère est impossible. Elle est peut-être une bonne personne ; mais elle est une mauvaise personne, une très mauvaise personne.

VIVIE [avec véhémence] Frank—! [Il tient bon. Elle se détourne et s'assoit sur le banc sous l'if, luttant pour retrouver sa maîtrise d'elle-même. Puis elle dit] Est-ce qu'elle va être abandonnée par le monde parce qu'elle est ce que vous appelez une mauvaise personne ? N'a-t-elle pas le droit de vivre ?

FRANC. N'ayez crainte, Viv : *elle* ne sera jamais abandonnée. [Il s'assoit sur le banc à côté d'elle].

VIVIE. Mais je dois l'abandonner, je suppose.

FRANK (d'un air bébé, la berçant et lui faisant l'amour avec sa voix) Il ne faut pas aller vivre avec elle. Un petit groupe familial composé d'une mère et d'une fille ne serait pas un succès. Gâtez notre petit groupe.

VIVIE, sous le charme Quel petit groupe ?

FRANC. Les bébés dans le bois : Vivie et le petit Frank. [Il se blottit contre elle comme un enfant fatigué]. Allons nous couvrir de feuilles.

VIVIE, le berçant en rythme comme une infirmière. Elle dort profondément, main dans la main, sous les arbres.

FRANC. La petite fille sage avec son petit garçon idiot.

VIVIE. Le cher petit garçon avec sa petite fille miteuse.

FRANC. Toujours aussi paisible et soulagé de l'imbécillité du père du petit garçon et du caractère douteux de la petite fille...

VIVIE [étouffant le mot contre sa poitrine] Chut-sh-sh ! la petite fille veut tout oublier de sa mère. [Ils restent silencieux quelques instants, se berçant l'un l'autre. Puis Vivie se réveille en état de choc et s'exclame] Quels imbéciles nous sommes ! Viens : assieds-toi. Gracieux! tes cheveux. [Elle le lisse]. Je me demande si tous les adultes jouent de cette manière enfantine quand personne ne regarde.

Je ne l'ai jamais fait quand j'étais enfant.

FRANC. Moi non plus. Tu es mon premier camarade de jeu. [Il lui attrape la main pour l'embrasser, mais se vérifie d'abord pour regarder autour de lui. De manière très inattendue, il voit Crofts sortir de la haie de buis.] Oh putain!

VIVIE. Pourquoi putain, chérie ?

FRANC [chuchotant] Chut ! Voici ce Crofts brutal. [Il s'assoit plus loin d'elle avec un air indifférent].

CROFTS. Puis-je avoir quelques mots avec vous, Miss Vivie ?

VIVIE. Certainement.

CROFTS, à Frank : Vous m'excuserez, Gardner. Ils vous attendent dans l'église, si cela ne vous dérange pas.

FRANC, se levant. N'importe quoi pour vous obliger, Crofts, sauf l'église. Si par hasard vous avez besoin de moi, Vivvums, sonnez à la porte. [Il entre dans la maison avec une suavité imperturbable].

CROFTS, le regardant d'un air rusé alors qu'il disparaît, et parlant à Vivie avec l'impression d'être en termes privilégiés avec elle. Agréable jeune homme, Miss Vivie. Dommage qu'il n'ait pas d'argent, n'est-ce pas ?

VIVIE. Le pensez-vous ?

CROFTS. Eh bien, que doit -il faire ? Aucun métier. Aucune propriété. A quoi sert-il ?

VIVIE. Je réalise ses inconvénients, Sir George.

CROFTS [un peu surpris d'être interprété avec autant de précision] Oh, ce n'est pas ça. Mais tant que nous sommes dans ce monde, nous y sommes ; et l'argent c'est de l'argent. [Vivie ne répond pas]. Belle journée, n'est-ce pas ?

VIVIE, avec un mépris à peine voilé pour cet effort de conversation Très.

CROFTS [avec une bonne humeur brutale, comme s'il aimait son courage] Eh bien, ce n'est pas ce que je suis venu dire. [S'asseyant à côté d'elle] Maintenant, écoutez, Miss Vivie. Je suis bien conscient que je ne suis pas un homme de jeunes femmes.

VIVIE. En effet, Sir George ?

CROFTS. Non; et pour vous dire la vérité, je ne veux pas l'être non plus. Mais quand je dis une chose , je le pense ; et quand je ressens un sentiment, je le ressens sérieusement ; et ce que j'apprécie, je le paie très cher. C'est le genre d'homme que je suis.

VIVIE. Cela vous fait grand honneur, j'en suis sûr.

CROFTS. Oh, je ne veux pas me vanter. J'ai mes défauts, Dieu le sait : nul homme n'en est plus sensible que moi. Je sais que je ne suis pas parfait : c'est l'un des avantages d'être un homme d'âge moyen ; car je ne suis pas un jeune homme, et je le sais. Mais mon code est simple et, je pense, bon. Honneur entre homme et homme ; fidélité entre homme et femme; et non, je ne peux pas parler de telle ou telle religion, mais une croyance honnête que les choses vont pour le bien dans l'ensemble.

VIVIE [avec une ironie mordante] « Une puissance, pas nous-mêmes, qui crée la justice », hein ?

CROFTS [la prenant au sérieux] Oh certainement. Pas nous-mêmes, bien sûr. Vous comprenez ce que je veux dire. Eh bien, parlons maintenant des questions pratiques. Vous avez peut-être l'impression que j'ai dépensé mon argent ; mais ce n'est pas le cas : je suis plus riche aujourd'hui qu'à mon arrivée dans la propriété. J'ai utilisé ma connaissance du monde pour investir mon argent d'une manière que d'autres hommes ont négligée ; et quoi que je sois, je suis un homme sûr du point de vue de l'argent.

VIVIE. C'est très gentil à toi de me raconter tout ça.

CROFTS. Eh bien, venez, Miss Vivie : vous n'avez pas besoin de prétendre que vous ne voyez pas où je veux en venir. Je veux m'installer avec Lady Crofts. Je suppose que vous me trouvez très direct, hein ?

VIVIE. Pas du tout : je vous suis très reconnaissant d'avoir été si précis et si sérieux. J'apprécie beaucoup l'offre : l'argent, le poste, *Lady Crofts*, etc. Mais je pense que je dirai non, si cela ne vous dérange pas, je préfère ne pas le faire. [Elle se lève et se dirige vers le cadran solaire pour sortir de son voisinage immédiat].

CROFTS, pas du tout découragé, et profitant de l'espace supplémentaire qu'il lui laissait sur le siège pour s'étendre confortablement, comme si quelques refus préliminaires faisaient partie de l'inévitable routine de la cour.] Je ne suis pas pressé. C'était juste pour vous prévenir au cas où le jeune Gardner tenterait de vous piéger. Laissez la question ouverte.

VIVIE, brusquement Mon non est définitif. Je n'en reviendrai pas.

[Crofts n'est pas impressionné. Il sourit ; se penche en avant, les coudes sur les genoux, pour pousser avec son bâton quelque malheureux insecte dans l'herbe ; et la regarde avec ruse. Elle se détourne avec impatience.]

CROFTS. Je suis bien plus âgé que toi. Vingt-cinq ans : un quart de siècle. Je ne vivrai pas éternellement ; et je veillerai à ce que tu sois bien quand je serai parti.

VIVIE. Je suis à l'épreuve même de cette incitation, Sir George. Ne penses-tu pas que tu ferais mieux d'accepter ta réponse ? Il n'y a aucune chance que je le modifie.

CROFTS, se levant après avoir donné un dernier coup à une pâquerette et s'approchant d'elle. Eh bien, peu importe. Je pourrais vous dire des choses qui vous feraient changer d'avis assez vite ; mais je ne le ferai pas , parce que je préfère vous gagner par une honnête affection. J'étais un bon ami de ta mère : demande-lui si je ne l'étais pas. Elle n'aurait jamais gagné l'argent qui a permis de payer vos études sans mes conseils et mon aide, sans parler de l'argent que je lui ai avancé. Il n'y a pas beaucoup d'hommes qui l'auraient soutenue comme moi. J'y ai mis pas moins de quarante mille livres, du début à la fin.

VIVIE, le regardant : Tu veux dire que tu étais l'associé de ma mère ?

CROFTS. Oui. Pensez maintenant à tous les ennuis et aux explications que cela éviterait si nous gardions tout cela dans la famille, pour ainsi dire. Demandez à votre mère si elle aimerait devoir expliquer toutes ses aventures à un parfait inconnu.

VIVIE. Je ne vois aucune difficulté, puisque je comprends que l'entreprise est liquidée et l'argent investi.

CROFTS, s'arrêtant net, étonné. Remonté ! Liquidez une entreprise qui paie 35 pour cent dans les pires années ! Pas probable. Qui t'as dit ça?

VIVIE, [sa couleur a complètement disparu] Tu veux dire qu'il est encore... ? [Elle s'arrête brusquement et pose la main sur le cadran solaire pour se soutenir. Puis elle se dirige rapidement vers la chaise en fer et s'assied.]

De quelle affaire parlez-vous ?

CROFTS. Eh bien, le fait est que ce n'est pas ce qui serait considéré exactement comme une affaire de haut niveau dans mon ensemble — l'ensemble de campagne, vous savez — ce sera notre ensemble si vous pensez mieux à mon offre. Non pas qu'il y ait de mystère là-dedans : ne pensez pas cela. Bien sûr, vous savez, grâce à la présence de votre mère, que c'est parfaitement droit et honnête. Je la connais depuis de nombreuses années; et je peux dire d'elle qu'elle se couperait les mains plutôt que de toucher à quelque chose qui n'était pas ce qu'il devrait être. Je te raconterai tout si tu veux. Je ne sais pas si vous avez constaté en voyage combien il est difficile de trouver un hôtel privé vraiment confortable.

VIVIE, écœurée, détournant la tête Oui : continue.

CROFTS. Eh bien, c'est tout. Ta mère a un génie pour gérer de telles choses. Nous en avons deux à Bruxelles, un à Ostende, un à Vienne et deux à Budapest. Bien sûr, il y en a d'autres que nous ; mais nous détenons la majeure partie du capital ; et ta mère est indispensable en tant que directrice générale. Vous avez remarqué, j'imagine, qu'elle voyage beaucoup. Mais vous voyez, on ne peut pas parler de telles choses dans la société. Une fois prononcé le mot hôtel, tout le monde pense que vous tenez un pub. Vous n'aimeriez pas qu'on dise ça de votre mère, n'est-ce pas ? C'est pourquoi nous sommes si réservés à ce sujet. Au fait, tu le garderas pour toi, n'est-ce pas ? Puisque c'est un secret depuis si longtemps, il vaudrait mieux que cela le reste.

VIVIE. Et c'est dans cette affaire que vous m'invitez à vous rejoindre ?

CROFTS. Oh non. Ma femme ne sera pas dérangée par les affaires. Vous n'y serez pas plus que vous ne l'avez toujours été.

VIVIE. *Je* l'ai toujours été ! Que veux-tu dire?

CROFTS. Seulement que tu en as toujours vécu. Cela a payé vos études et la robe que vous portez sur le dos. Ne vous moquez pas des affaires, Miss Vivie : où seraient vos Newnham et vos Girton sans cela ?

VIVIE, se levant, presque hors d'elle-même. Prends garde. Je sais ce qu'est cette affaire.

CROFTS, commençant avec un serment réprimé. Qui vous l'a dit ?

VIVIE. Votre partenaire. Ma mère.

CROFTS, noir de rage. Le vieux…

VIVIE. Juste ainsi.

[Il ravale l'épithète et reste un moment debout, jurant et se mettant en colère contre lui-même. Mais il sait que son signal est d'être sympathique. Il se réfugie dans une généreuse indignation.]

CROFTS. Elle aurait dû avoir plus de considération pour toi. *Je* ne te l'aurais jamais dit.

VIVIE. Je pense que vous me l'auriez probablement dit lorsque nous nous serions mariés : cela aurait été une arme pratique pour m'introduire par effraction.

CROFTS [très sincèrement] Je n'ai jamais eu l'intention de faire cela. Sur ma parole de gentleman, je ne l'ai pas fait.

[Vivie s'interroge sur lui. Son sentiment de l'ironie de sa protestation la calme et la renforce. Elle répond avec une maîtrise de soi méprisante.]

VIVIE. Ce n'est pas important. Je suppose que vous comprenez que lorsque nous partons d'ici aujourd'hui, notre connaissance cesse.

CROFTS. Pourquoi? Est-ce pour aider ta mère ?

VIVIE. Ma mère était une femme très pauvre qui n'avait d'autre choix raisonnable que de faire ce qu'elle faisait. Vous étiez un homme riche ; et vous avez fait la même chose pour 35 pour cent. Vous êtes une sorte de canaille assez ordinaire, je pense. C'est mon opinion sur vous.

CROFTS, après un regard : pas du tout mécontent, et bien plus à l'aise dans ces termes francs que dans leurs anciens termes cérémonieux. Ha ! Ha! Ha! Ha! Vas-y, petite mademoiselle , vas-y : ça ne me fait pas de mal et ça t'amuse. Pourquoi diable ne devrais-je pas investir mon argent de cette façon ? Je prends les intérêts de mon capital comme les autres : j'espère que vous ne pensez pas que je me salis les mains avec le travail.

Viens! vous ne refuseriez pas la connaissance du cousin de ma mère, le duc de Belgravia, car une partie des loyers qu'il perçoit est gagnée de manière étrange. Vous ne supprimeriez pas l'archevêque de Canterbury, je suppose, parce que les commissaires ecclésiastiques ont parmi leurs locataires quelques publicains et pécheurs. Vous souvenez-vous de votre bourse

Crofts à Newnham ? Eh bien, cette société a été fondée par mon frère le député. Il tire ses 22 pour cent d'une usine où vivent 600 filles, et aucune d'entre elles ne reçoit un salaire suffisant pour vivre. Comment peuvent -ils s'en sortir alors qu'ils n'ont pas de famille sur qui s'appuyer ? Demande à ta mère. Et voulez-vous que je tourne le dos à 35 pour cent alors que tous les autres empochent ce qu'ils peuvent, en hommes sensés ? Pas un tel imbécile ! Si vous décidez de choisir vos connaissances selon des principes moraux, vous feriez mieux de quitter ce pays, à moins que vous ne vouliez vous exclure de toute société décente.

VIVIE, prise de conscience. Vous pourriez préciser que je ne me suis jamais demandé d'où venait l'argent que je dépensais. Je crois que je suis aussi mauvais que toi.

CROFTS, très rassuré. Bien sûr que oui ; et c'est aussi une très bonne chose ! Quel mal cela fait-il après tout ? [La ralliant en plaisantant] Alors, vous ne me considérez pas comme un scélérat, maintenant, réfléchissez-y. Hein ?

VIVIE. J'ai partagé les bénéfices avec vous : et je vous ai admis tout à l'heure dans la familiarité de savoir ce que je pense de vous.

CROFTS, avec une amabilité sérieuse. Pour être sûr que vous l'avez fait. Vous ne me trouverez pas méchant : je n'aime pas être intellectuellement superfin ; mais j'ai beaucoup de sentiments humains honnêtes ; et la vieille race Crofts se manifeste par une sorte de haine instinctive de tout ce qui est bas, dans laquelle je suis sûr que vous sympathiserez avec moi. Croyez-moi, Miss Vivie, le monde n'est pas si mauvais que le prétendent les courbines. Tant que vous ne vous présentez pas ouvertement à la société, celle-ci ne pose pas de questions gênantes ; et cela rend le travail très court aux cads qui le font. Il n'y a pas de secrets mieux gardés que ceux que tout le monde devine. Dans la classe de personnes que je peux vous présenter, aucune dame ou aucun gentleman ne s'oublierait jusqu'à discuter de mes affaires ou de votre mère. Aucun homme ne peut vous offrir une position plus sûre.

VIVIE [l'étudiant avec curiosité] Je suppose que tu penses vraiment que tu t'entends à merveille avec moi.

CROFTS. Eh bien, j'espère pouvoir me flatter que vous ayez une meilleure opinion de moi qu'au début.

VIVIE (doucement) Je ne trouve pas que tu mérites qu'on y pense maintenant. Quand je pense à la société qui vous tolère, et aux lois qui vous protègent ! quand je pense à quel point neuf jeunes filles sur dix seraient impuissantes entre les mains de toi et de ma mère ! la femme innommable et son tyran capitaliste—

CROFTS [livide] Bon sang !

VIVIE. Tu n'as pas besoin. Je me sens déjà parmi les damnés.

[Elle soulève le loquet du portail pour l'ouvrir et sortir. Il la suit et pose lourdement la main sur la barre du haut pour empêcher son ouverture.]

CROFTS (haletant de fureur) Penses-tu que je vais supporter ça de ta part, jeune diable ?

VIVIE, impassible. Tais-toi. Quelqu'un répondra à la sonnette. [Sans broncher, elle frappe la cloche du revers de la main. Ça résonne durement ; et il recule involontairement. Presque immédiatement, Frank apparaît sous le porche avec son fusil].

FRANK, avec une politesse joyeuse. Veux-tu avoir le fusil, Viv ; ou dois-je opérer ?

VIVIE. Frank : tu as écouté ?

FRANC, descendant dans le jardin. Seulement pour la cloche, je vous l'assure ; pour que vous n'ayez pas à attendre. Je pense avoir montré une grande perspicacité dans votre personnage, Crofts.

CROFTS. Pour deux épingles, je vous prendrais ce pistolet et je vous le briserais sur la tête.

FRANK, le suivant avec précaution. Ne le faites pas, je vous en prie. Je suis toujours très négligent dans le maniement des armes à feu. Ce sera sûrement un accident mortel, avec une réprimande du jury du coroner pour ma négligence.

VIVIE. Rangez le fusil, Frank : c'est tout à fait inutile.

FRANC. Très bien, Viv. Il serait bien plus sportif de le prendre au piège. [Crofts, comprenant l'insulte, fait un mouvement menaçant]. Crofts : il y a quinze cartouches dans le chargeur ici ; et je suis un tireur d'élite à la distance actuelle et face à un objet de votre taille.

CROFTS. Oh, tu n'as pas besoin d'avoir peur. Je ne vais pas te toucher.

FRANC. C'est toujours si magnanime de votre part dans les circonstances ! Merci.

CROFTS. Je vais juste vous dire ça avant de partir. Cela peut vous intéresser, puisque vous vous aimez tellement. Permettez-moi, Monsieur Frank, de vous présenter votre demi-sœur, la fille aînée du révérend Samuel Gardner. Mademoiselle Vivie : vous êtes demi-frère. Bonjour! [Il sort par la porte et suit la route].

FRANK, après une pause de stupéfaction, levant le fusil. Vous témoignerez devant le coroner que c'est un accident, Viv. [Il vise la silhouette de Crofts en retraite. Vivie saisit le museau et le ramène contre sa poitrine.

VIVIE. Tirez maintenant. Vous pouvez.

FRANC, laissant tomber précipitamment le bout de son fusil Arrêtez ! prends soin de toi. [Elle laisse tomber. Il tombe sur le gazon]. Oh, tu as donné un tel tour à ton petit garçon. Supposons que ça ait explosé ! Pouah! [Il s'affaisse sur le siège du jardin, vaincu].

VIVIE. Supposons que ce soit le cas : pensez-vous que cela n'aurait pas été un soulagement d'avoir une douleur physique aiguë qui me déchirait ?

FRANK (d'un ton câlin) Allez-y très doucement, chère Viv. Rappelez-vous : même si le fusil a effrayé cet homme et l'a poussé à dire la vérité pour la première fois de sa vie, cela ne fait que de nous pour de bon, les bébés dans les bois. [Il lui tend les bras]. Venez et soyez à nouveau recouvert de feuilles.

VIVIE, avec un cri de dégoût Ah, pas ça, pas ça. Tu fais flipper toute ma chair.

FRANC. Pourquoi, qu'est-ce qu'il y a ?

VIVIE. Au revoir. [Elle se dirige vers la porte].

FRANC, sautant : Salut ! Arrêt! Vivi! Vivi! [Elle se tourne vers le portail] Où vas-tu ? Où allons-nous vous trouver ?

VIVIE. Dans les appartements d'Honoria Fraser, 67 Chancery Lane, pour le reste de ma vie. [Elle s'en va rapidement dans la direction opposée à celle prise par Crofts].

FRANC. Mais je dis : attendez, lancez-vous ! [Il court après elle].

ACTE IV

[Appartement d'Honoria Fraser à Chancery Lane. Un bureau au sommet des New Stone Buildings, avec une baie vitrée, des murs détrempés, de la lumière électrique et un poêle breveté. Samedi après-midi. Les cheminées du Lincoln's Inn et le ciel occidental au-delà sont visibles à travers la fenêtre. Il y a une double table d'écriture au milieu de la pièce, avec une boîte à cigares, des cendriers et une lampe de lecture électrique portative presque enneigée sous des tas de papiers et de livres. Cette table a des trous pour les genoux et des chaises à droite et à gauche et est très désordonnée. Le bureau de commis, fermé et bien rangé, avec son tabouret haut, est adossé au mur, près d'une porte communiquant avec les pièces intérieures. Dans le mur opposé se trouve la porte menant au couloir public. Son panneau supérieur est en verre opaque, portant les lettres noires à l'extérieur FRASER AND WARREN. Un paravent cache le coin entre cette porte et la fenêtre.]

[Frank, vêtu d'un costume d'entraîneur de couleur claire à la mode, avec son bâton, ses gants et son chapeau blanc à la main, fait les cent pas dans le bureau. Quelqu'un essaie d'ouvrir la porte avec une clé.]

FRANC, appelant. Entrez. Ce n'est pas fermé à clé.

[Vivie entre, avec son chapeau et sa veste. Elle s'arrête et le regarde.]

VIVIE, sévèrement : Qu'est-ce que tu fais ici ?

FRANC. En attendant de te voir. Je suis ici depuis des heures. Est-ce ainsi que vous vous occupez de votre entreprise ? [Il pose son chapeau et son bâton sur la table, et se perche en voûte sur le tabouret du commis, la regardant avec toutes les apparences d'être d'humeur particulièrement agitée, taquine et désinvolte].

VIVIE. Je suis parti exactement vingt minutes pour une tasse de thé. [Elle enlève son chapeau et sa veste et les accroche derrière le paravent]. Comment êtes-vous entré?

FRANC. Le personnel n'était pas parti à mon arrivée. Il est allé jouer au cricket à Primrose Hill. Pourquoi n'employez-vous pas une femme et ne donnez-vous pas une chance à votre sexe ?

VIVIE. Pourquoi es-tu venu ?

FRANK [sautant du tabouret et s'approchant d'elle] Viv : allons profiter de la demi-congé du samedi quelque part, comme le staff.

Que diriez-vous de Richmond, puis d'un music-hall et d'un joyeux souper ?

VIVIE. Je ne peux pas me le permettre. Je vais travailler encore six heures avant d'aller me coucher.

FRANC. Nous ne pouvons pas nous le permettre, n'est-ce pas ? Ah ! Regardez ici. [Il sort une poignée de souverains et les fait tinter]. De l'or, Viv : de l'or !

VIVIE. Où l'avez-vous obtenu?

FRANC. Jeux de hasard, Viv : jeux de hasard. Poker.

VIVIE. Pah ! C'est plus méchant que de le voler. Non : je ne viens pas. [Elle s'assoit pour travailler à table, dos à la porte vitrée, et commence à feuilleter les papiers].

FRANC, remontrant pitoyablement. Mais, ma chère Viv, je veux te parler très sérieusement.

VIVIE. Très bien : asseyez-vous sur la chaise d'Honoria et parlez ici. J'aime discuter dix minutes après le thé. [Il murmure]. Inutile de gémir : je suis inexorable. [Il prend le siège d'en face, inconsolable]. Passez cette boîte à cigares, voulez-vous ?

FRANK, poussant la boîte à cigares. Sale habitude féminine. Les hommes gentils ne le font plus.

VIVIE. Oui : ils s'opposent à l'odeur au bureau ; et nous avons dû nous tourner vers les cigarettes . Voir! [Elle ouvre la boîte et en sort une cigarette qu'elle allume. Elle lui en propose un ; mais il secoue la tête avec un air ironique. Elle s'installe confortablement sur sa chaise en fumant. Poursuivre.

FRANC. Eh bien, je veux savoir ce que vous avez fait, quels arrangements vous avez pris.

VIVIE. Tout était réglé vingt minutes après mon arrivée ici. Honoria a trouvé l'affaire trop difficile pour elle cette année ; et elle était sur le point de me faire appeler et de me proposer un partenariat quand je suis entré et lui ai dit que je n'avais pas un sou au monde. Je m'installai donc et l'emballai pour quinze jours de vacances. Que s'est-il passé à Haslemere quand je suis parti ?

FRANC. Rien du tout. J'ai dit que tu étais allé en ville pour des affaires particulières.

VIVIE. Bien?

FRANC. Eh bien, soit ils étaient trop sidérés pour dire quoi que ce soit, soit Crofts avait préparé votre mère. De toute façon, elle n'a rien dit ; et Crofts n'a rien dit ; et Paddy se contentait de le regarder. Après le thé, ils se levèrent et partirent ; et je ne les ai pas revus depuis.

VIVIE, hochant placidement la tête, un œil sur une guirlande de fumée. C'est bon.

FRANC, regardant autour de lui d'un air méprisant. Avez-vous l'intention de rester dans ce foutu endroit ?

VIVIE, soufflant résolument sur la couronne et se redressant. Oui. Ces deux jours m'ont redonné toutes mes forces et mon sang-froid. Je ne prendrai plus jamais de vacances tant que je vivrai.

FRANC, avec un visage très ironique : Mps ! Vous avez l'air plutôt heureux. Et dur comme des ongles.

VIVIE, sombre : Eh bien pour moi que je le suis !

FRANK, se levant : Ecoute, Viv : il nous faut une explication. Nous nous sommes séparés l'autre jour sous un malentendu total. [Il s'assoit sur la table, près d'elle].

VIVIE, rangeant la cigarette Eh bien, mettez les choses au clair.

FRANC. Vous vous souvenez de ce que Crofts a dit.

VIVIE. Oui.

FRANC. Cette révélation était censée provoquer un changement complet dans la nature de nos sentiments les uns pour les autres. Cela nous mettait sur le pied de frère et de sœur.

VIVIE. Oui.

FRANC. As-tu déjà eu un frère ?

VIVIE. Non.

FRANC. Alors tu ne sais pas ce que ça fait d'être frère et sœur ? Maintenant, j'ai beaucoup de sœurs ; et le sentiment fraternel m'est tout à fait familier. Je t'assure que mes sentiments pour toi ne sont pas les moindres au monde. Les filles passeront *leur* chemin ; J'irai chez moi ; et cela ne nous inquiétera pas de ne plus jamais nous revoir. C'est frère et sœur. Mais quant à toi, je ne peux pas être facile si je dois passer une semaine sans te voir. Ce n'est pas frère et sœur. C'est exactement ce que j'ai ressenti une heure avant que Crofts ne fasse sa révélation. Bref, chère Viv, c'est le jeune rêve de l'amour.

VIVIE, mordante. Le même sentiment, Frank, qui a amené ton père aux pieds de ma mère. Est-ce que c'est ça?

FRANK [si révolté qu'il glisse un instant de la table] Je m'oppose très fortement, Viv, à ce que mes sentiments soient comparés à ceux que le révérend Samuel est capable d'entretenir ; et je m'oppose encore plus à une comparaison de vous avec votre mère. [Reprenant son perchoir] D'ailleurs, je ne crois pas à l'histoire. J'en ai taxé mon père et j'ai obtenu de lui ce que j'estime être un déni.

VIVIE. Qu'a t'il dit?

FRANC. Il a dit qu'il était sûr qu'il devait y avoir une erreur.

VIVIE. Le croyez-vous ?

FRANC. Je suis prêt à le croire sur parole contre celui de Crofts.

VIVIE. Cela fait-il une différence? Je veux dire dans votre imagination ou votre conscience ; car bien sûr, cela ne fait aucune différence réelle.

FRANC, secouant la tête. Rien pour *moi* .

VIVIE. Ni à moi.

FRANC, regardant fixement : Mais c'est tellement surprenant ! [Il retourne à sa chaise]. Je pensais que toutes nos relations étaient modifiées dans votre imagination et dans votre conscience, comme vous le dites, au moment où ces mots étaient sortis du museau de cette brute.

VIVIE. Non : ce n'était pas ça. Je ne le croyais pas. J'aimerais seulement pouvoir le faire.

FRANC. Hein ?

VIVIE. Je pense que frère et sœur seraient une relation très appropriée pour nous.

FRANC. Tu penses vraiment ça ?

VIVIE. Oui. C'est la seule relation qui m'intéresse, même si nous pourrions nous en permettre une autre. Je veux dire que.

FRANK, haussant les sourcils comme quelqu'un sur qui une nouvelle lumière s'est levée, et se levant avec une certaine effusion de sentiment chevaleresque. Ma chère Viv, pourquoi ne l'as-tu pas dit avant ? Je suis vraiment désolé de vous avoir persécuté. Je comprends, bien sûr.

VIVIE, perplexe : Tu comprends quoi ?

FRANC. Oh, je ne suis pas un imbécile au sens ordinaire : seulement au sens biblique de faire toutes les choses que le sage a déclaré être une folie, après les avoir essayées lui-même sur l'échelle la plus vaste. Je vois que je ne suis plus le petit garçon de Vivvums. Ne vous inquiétez pas : je ne vous appellerai plus jamais Vivvums, du moins à moins que vous ne vous lassiez de votre nouveau petit garçon, quel qu'il soit.

VIVIE. Mon nouveau petit garçon !

FRANC, avec conviction. Ça doit être un nouveau petit garçon. Cela arrive toujours ainsi. Pas d'autre moyen, en fait.

VIVIE. Aucun à votre connaissance, heureusement pour vous.

[Quelqu'un frappe à la porte.]

FRANC. Ma malédiction sur celui qui m'appelle, qui qu'il soit !

VIVIE. C'est Praed . Il va en Italie et veut lui dire au revoir. Je lui ai demandé d'appeler cet après-midi. Allez le laisser entrer.

FRANC. Nous pourrons poursuivre notre conversation après son départ pour l'Italie. Je vais le laisser dehors. [Il se dirige vers la porte et l'ouvre]. Comment vas-tu, Paddy ? Ravi de vous voir. Entrez.

[Praed , habillé pour voyager, entre, de bonne humeur.]

PRIÈRE. Comment allez-vous, Mlle Warren ? [Elle lui serre cordialement la main, même si une certaine sentimentalité dans sa bonne humeur la heurte]. Je pars dans une heure du viaduc de Holborn. J'aimerais pouvoir vous persuader d'essayer l'Italie.

VIVIE. Pourquoi?

PRIÈRE. Pourquoi, pour vous saturer de beauté et de romantisme, bien sûr.

[Vivie, avec un frisson, tourne sa chaise vers la table, comme si le travail qui l'attend là lui était un soutien. Praed est assis en face d'elle. Frank place une chaise près de Vivie et s'y laisse tomber paresseusement et négligemment, lui parlant par-dessus son épaule.]

FRANC. Ça ne sert à rien, Paddy . Viv est une petite philistine. Elle est indifférente à *mon* roman et insensible à *ma* beauté.

VIVIE. M Praed : une fois pour toutes, il n'y a ni beauté ni romance dans la vie pour moi. La vie est ce qu'elle est ; et je suis prêt à le prendre tel quel.

PRAED, avec enthousiasme. Vous ne direz pas cela si vous m'accompagnez à Vérone et ensuite à Venise. Vous pleurerez de plaisir en vivant dans un monde si beau.

FRANC. C'est très éloquent, Praddy . Continuez comme ça.

PRIÈRE. Oh, je vous assure que *j'ai* pleuré, je pleurerai encore, j'espère, à cinquante ans ! À votre âge, Miss Warren, vous n'auriez pas besoin d'aller aussi loin que Vérone. Votre moral s'envolerait absolument à la simple vue d'Ostende. Vous seriez charmé par la gaieté, la vivacité, l'air joyeux de Bruxelles.

VIVIE, surgissant avec une exclamation de haine Agh !

PRAED, se levant : Qu'est-ce qu'il y a ?

FRANK [se levant] Salut, Viv !

VIVIE, à Praed , avec un profond reproche. Ne trouves-tu pas de meilleur exemple de ta beauté et de ton romantisme que Bruxelles pour me parler ?

PRAED [perplexe] Bien sûr, c'est très différent de Vérone. Je ne suggère pas du tout que...

VIVIE, amèrement : Probablement la beauté et le romantisme sont à peu près les mêmes dans les deux endroits.

PRAED [complètement sobre et très inquiet] Ma chère Miss Warren : Je — [regardant Frank d'un air interrogateur] Quelque chose ne va pas ?

FRANC. Elle trouve votre enthousiasme frivole, Praddy . Elle a déjà reçu un appel aussi sérieux.

VIVIE, brusquement : Tais-toi, Frank. Ne sois pas stupide.

FRANK (s'asseyant) Est-ce que tu appelles ça des bonnes manières , Praed ?

PRAED [anxieux et prévenant] Dois-je l'emmener, Miss Warren ? Je suis sûr que nous vous avons dérangé dans votre travail.

VIVIE. Asseyez-vous : je ne suis pas encore prêt à retourner au travail. [Praed s'assoit]. Vous pensez tous les deux que j'ai une crise de nerfs. Même pas un peu. Mais il y a deux sujets que je veux abandonner, si cela ne vous dérange pas.

L'un d'eux [pour Frank] est le jeune rêve d'amour sous toutes ses formes : l'autre [pour Praed] est le romantisme et la beauté de la vie, en particulier Ostende et la gaieté de Bruxelles. Toutes les illusions que vous pourriez avoir sur ces sujets sont les bienvenues : je n'en ai aucune. Si nous voulons rester amis tous les trois, je dois être traitée comme une femme d'affaires, célibataire en permanence [pour Frank] et peu romantique [pour Praed].

FRANC. Moi aussi, je resterai définitivement célibataire jusqu'à ce que vous changiez d'avis. Paddy : change de sujet. Soyez éloquent sur autre chose.

PRAED [avec hésitation] J'ai bien peur qu'il n'y ait rien d'autre au monde dont je *puisse* parler. L'Évangile de l'art est le seul que je puisse prêcher. Je sais que Miss Warren est une grande adepte de l'Évangile de Getting On ; mais nous ne pouvons pas en discuter sans blesser tes sentiments, Frank, puisque tu es déterminé à ne pas continuer.

FRANC. Oh, ne vous souciez pas de mes sentiments. Donnez-moi des conseils d'amélioration par tous les moyens : cela me fait énormément de bien. Essayez à nouveau de faire de moi un homme à succès, Viv. Venez : ayons tout : énergie, économie, prévoyance, respect de soi, caractère. Ne détestes-tu pas les gens qui n'ont aucun caractère, Viv ?

VIVIE, grimaçant : Oh, arrête, arrête. Finissons-en avec ces horribles conneries. M Praed : s'il n'y a vraiment que ces deux évangiles dans le monde, nous ferions mieux de nous suicider tous ; car la même souillure est dans les deux, de part en part.

FRANK (la regardant d'un air critique) Il y a chez toi aujourd'hui, Viv, une touche de poésie qui manquait jusqu'à présent.

PRAED [remontrant] Mon cher Frank : n'es-tu pas un peu antipathique ?

VIVIE, impitoyable envers elle-même Non : ça me fait du bien. Cela m'empêche d'être sentimental.

FRANK, la plaisantant : Cela vérifie ainsi votre forte propension naturelle, n'est-ce pas ?

VIVIE, presque hystérique. Oh oui : continue : ne m'épargne pas. J'ai été sentimental pendant un moment de ma vie – magnifiquement sentimental – au clair de lune ; et maintenant-

FRANK [rapidement] Je dis, Viv : fais attention. Ne vous trahissez pas.

VIVIE. Oh, pensez-vous que M. Praed ne sait pas tout de ma mère ? [Allumant Praed] Vous feriez mieux de me le dire ce matin-là, M. Praed . Après tout, vous êtes très démodé dans vos délices.

PRIÈRE. C'est sûrement vous qui êtes un peu démodée dans vos préjugés, Miss Warren. Je me sens obligé de vous dire, parlant en artiste et estimant que les relations humaines les plus intimes sont bien au-delà et au-dessus de la portée de la loi, que si je sais que votre mère est une femme célibataire, je ne la respecte pas moins. sur ce compte. Je la respecte davantage.

FRANC, d'un air léger. Écoutez ! entendre!

VIVIE [le regardant] C'est *tout ce* que tu sais ?

PRIÈRE. C'est certainement tout.

VIVIE. Alors vous ne savez rien ni l'un ni l'autre. Vos suppositions sont l'innocence même comparée à la vérité.

PRAED, se levant, surpris et indigné, et conservant sa politesse avec effort. J'espère que non. [Plus catégoriquement] J'espère que non, Miss Warren.

FRANK (siffle) Ouf !

VIVIE. Vous ne me facilitez pas la tâche en vous disant, Monsieur Praed .

PRAED [sa chevalerie s'affaissant devant leur condamnation] S'il y a quelque chose de pire – c'est-à-dire autre chose – êtes-vous sûre d'avoir raison de nous le dire, Miss Warren ?

VIVIE. Je suis sûr que si j'en avais le courage , je passerais le reste de ma vie à le dire à tout le monde, à l'imprimer et à le marquer au fer rouge jusqu'à ce qu'ils ressentent tous leur part dans cette abomination, comme je ressens la mienne. Il n'y a rien que je méprise plus que la méchante convention qui protège ces choses en interdisant à une femme d'en parler. Et pourtant, je ne peux pas vous le dire. Les deux mots infâmes qui décrivent ce qu'est ma mère résonnent dans mes oreilles et luttent sur ma langue ; mais je ne puis les prononcer : leur honte est trop horrible pour moi. [Elle enfouit son visage dans ses mains. Les deux hommes, étonnés, se regardent puis se regardent. Elle relève à nouveau désespérément la tête et s'empare d'une feuille de papier et d'un stylo.] Ici : laissez-moi vous rédiger un prospectus.

FRANC. Oh, elle est en colère. Entends-tu, Viv ? fou. Viens! ressaisissez-vous.

VIVIE. Vous verrez. [Elle écrit]. « Capital libéré : pas moins de quarante mille livres au nom de Sir George Crofts, baronnet, le principal actionnaire. Locaux à Bruxelles, Ostende, Vienne et Budapest. Directrice générale : Mme Warren » ; et maintenant n'oublions pas ses qualifications : les deux mots. [Elle écrit les mots et leur pousse le papier]. Là! Oh non : ne le lis pas : ne le fais pas ! [Elle le reprend et le met en pièces ; puis lui saisit la tête dans ses mains et cache son visage sur la table].

[Frank, qui a regardé l'écriture par-dessus son épaule et qui a ouvert les yeux très grands, sort une carte de sa poche ; il gribouille les deux mots dessus ; et le tend silencieusement à Praed , qui le lit avec étonnement et le cache précipitamment dans sa poche.]

FRANK [chuchotant tendrement] Viv, ma chérie : tout va bien. J'ai lu ce que vous avez écrit : Praddy aussi . Nous comprenons. Et nous restons, comme cela nous laisse à présent, les vôtres avec toujours autant de dévouement.

PRIÈRE. Effectivement, Miss Warren. Je déclare que vous êtes la femme la plus merveilleusement courageuse que j'aie jamais rencontrée.

[Ce compliment sentimental renforce Vivie. Elle le jette loin d'elle avec une secousse impatiente et se force à se lever, non sans l'appui de la table.]

FRANC. Ne bouge pas, Viv, si tu ne veux pas. Allez-y doucement.

VIVIE. Merci. Tu dépends toujours de moi pour deux choses : ne pas pleurer et ne pas t'évanouir. [Elle fait quelques pas vers la porte de la chambre intérieure et s'arrête près de Praed pour dire] Il me faudra bien plus de courage que cela pour dire à ma mère que nous sommes arrivés à une bifurcation. Maintenant, je dois passer un moment dans la pièce voisine pour me remettre en ordre, si cela ne vous dérange pas.

PRIÈRE. Devons-nous partir ?

VIVIE. Non : je reviens tout de suite. Seulement pour un instant. [Elle va dans l'autre pièce, Praed lui ouvre la porte].

PRIÈRE. Quelle étonnante révélation ! Je suis extrêmement déçu par Crofts : je le suis effectivement.

FRANC. Je ne le suis pas du tout. Je pense qu'il est enfin parfaitement pris en compte. Mais quel visage pour moi, Paddy ! Je ne peux pas l'épouser maintenant.

PRAED [sévèrement] Frank ! [Les deux se regardent , Frank imperturbable, Praed profondément indigné]. Laissez-moi vous dire, Gardner, que si vous l'abandonnez maintenant, vous vous comporterez de manière très méprisable.

FRANC. Bon vieux Paddy ! Toujours chevaleresque ! Mais vous vous trompez : ce n'est pas l'aspect moral de l'affaire : c'est l'aspect financier. Je ne peux vraiment pas me résoudre à toucher à l'argent de la vieille femme maintenant.

PRIÈRE. Et c'était pour ça que tu allais te marier ?

FRANC. Quoi d'autre? *je* je n'ai pas d'argent, ni la moindre somme d'argent pour en gagner. Si j'épousais Viv maintenant, elle devrait me soutenir ; et je devrais lui coûter plus que je ne vaux.

PRIÈRE. Mais un homme intelligent et brillant comme vous peut sûrement créer quelque chose avec son propre cerveau.

FRANC. Ah oui, un peu. [Il sort à nouveau son argent]. J'ai fait tout ça hier en une heure et demie. Mais j'ai réussi dans un métier hautement spéculatif. Non, cher Praddy : même si Bessie et Georgina épousent des millionnaires et que le gouverneur meurt après les avoir coupés d'un shilling, je n'en aurai que quatre cents par an. Et il ne mourra qu'à soixante-dix ans : il n'a pas assez d'originalité. Je serai sans allocation pendant les vingt prochaines années. Pas de petite allocation pour Viv, si je peux l'aider. Je me retire gracieusement et laisse le terrain à la jeunesse dorée d'Angleterre. Donc c'est réglé. Je ne vais pas l'inquiéter pour ça : je lui enverrai juste un petit mot après notre départ. Elle comprendra.

PRAED [saisissant sa main] Bon gars, Frank ! Je vous demande sincèrement pardon. Mais ne dois-tu plus jamais la revoir ?

FRANC. Ne la reverrez plus jamais ! Arrêtez tout, soyez raisonnable. Je viendrai le plus souvent possible et je serai son frère. Je ne comprends *pas* les conséquences absurdes que vous, gens romantiques, attendez des transactions les plus ordinaires. [On frappe à la porte]. Je me demande qui c'est. Voudriez-vous ouvrir la porte? Si c'est un client, il aura l'air plus respectable que si j'apparaissais.

PRIÈRE. Certainement. [Il se dirige vers la porte et l'ouvre. Frank s'assoit sur la chaise de Vivie pour griffonner une note]. Ma chère Kitty : entre : entre.

[Mme Warren entre et cherche Vivie avec appréhension. Elle a fait de son mieux pour se rendre matrone et digne. Le chapeau brillant est remplacé par un bonnet sobre et la blouse gaie recouverte par un coûteux manteau de soie noire. Elle est pitoyablement anxieuse et mal à l'aise : visiblement prise de panique.]

Mme WARREN, à Frank : Quoi ! Vous êtes ici, n'est-ce pas ?

FRANC, se tournant sur sa chaise après avoir écrit, mais ne se levant pas. Ici, et je suis ravi de vous voir. Tu viens comme un souffle de printemps.

Mme WARREN. Oh, laisse tomber tes bêtises. [À voix basse] Où est Vivie ?

[Frank montre expressivement la porte de la pièce intérieure, mais ne dit rien.]

MME WARREN [s'asseyant brusquement et commençant presque à pleurer] Paddy : ne me verra-t-elle pas, tu ne crois pas ?

PRIÈRE. Ma chère Kitty, ne te tourmente pas. Pourquoi ne le ferait-elle pas ?

Mme WARREN. Oh, tu ne comprends jamais pourquoi : tu es trop innocent. M. Frank : vous a-t-elle dit quelque chose ?

FRANC, pliant son billet. Elle *doit* vous voir, si vous attendez qu'elle entre.

MME WARREN [effrayée] Pourquoi ne devrais-je pas attendre ?

[Frank la regarde d'un air interrogateur ; il met soigneusement son billet sur l'encrier, afin que Vivie ne puisse manquer de le retrouver la prochaine fois qu'elle trempera sa plume ; puis se lève et lui consacre toute son attention.]

FRANC. Ma chère Mme Warren : supposons que vous soyez un moineau — un moineau si petit et si joli sautillant sur la chaussée — et que vous voyiez un rouleau compresseur venir dans votre direction, l'attendriez-vous ?

Mme WARREN. Oh, ne me dérange pas avec tes moineaux. Pourquoi s'est-elle enfuie d'Haslemere comme ça ?

FRANC. J'ai peur qu'elle vous le dise si vous attendez imprudemment son retour.

Mme WARREN. Veux-tu que je m'en aille ?

FRANC. Non : je veux toujours que tu restes. Mais je vous *conseille* de partir.

Mme WARREN. Quoi! Et ne la reverrez plus jamais !

FRANC. Précisément.

MME WARREN [pleurant encore] Praddy : ne le laisse pas être cruel avec moi. [Elle retient précipitamment ses larmes et s'essuie les yeux]. Elle sera tellement en colère si elle voit que je pleure.

FRANK [avec une touche de vraie compassion dans sa tendresse aérienne] Vous savez que Praddy est l'âme de la gentillesse, Mme Warren. Paddy : qu'en dis-tu ? Partir ou rester ?

PRAED [à Mme Warren] Je devrais vraiment être vraiment désolé de vous causer une douleur inutile ; mais je pense que vous feriez peut-être mieux de ne pas attendre. Le fait est ... [On entend Vivie à la porte intérieure].

FRANC. Chut ! Trop tard. Elle arrive.

Mme WARREN. Ne lui dis pas que je pleurais. [Vivie entre. Elle s'arrête gravement en apercevant Mme Warren, qui l'accueille avec une gaieté hystérique.] Eh bien, chérie. Alors vous voilà enfin.

VIVIE. Je suis content que vous soyez venu : je veux vous parler. Tu as dit que tu y allais, Frank, je pense.

FRANC. Oui. Voulez-vous venir avec moi, Mme Warren ? Que diriez-vous d'une visite à Richmond et d'une sortie au théâtre le soir ? Il y a de la sécurité à Richmond. Pas de rouleau compresseur là-bas.

VIVIE. C'est absurde, Frank. Ma mère va rester ici.

MME WARREN [effrayée] Je ne sais pas : je ferais peut-être mieux d'y aller. Nous vous dérangeons dans votre travail.

VIVIE [avec une décision tranquille] M. Praed : s'il te plaît, emmène Frank. Asseyez-vous, maman. [Mme Warren obéit, impuissante].

PRIÈRE. Viens, Franck. Au revoir, mademoiselle Vivie.

VIVIE, serrant la main : Au revoir. Un agréable voyage.

PRIÈRE. Merci merci. Je l'espère.

FRANC, à Mme Warren : Au revoir : vous auriez mieux fait de suivre mon conseil. [Il lui serre la main. Puis légèrement à Vivie] Au revoir , Viv.

VIVIE. Au revoir. [Il sort gaiement sans lui serrer la main].

PRAED [tristement] Au revoir, Kitty.

MME WARREN [pleinnant] — oobye !

[Praed s'en va. Vivie, posée et extrêmement grave, s'assoit dans le fauteuil d'Honoria et attend que sa mère parle. Mme Warren, redoutant une pause, ne perd pas de temps pour commencer.]

Mme WARREN. Eh bien, Vivie, pourquoi es-tu partie comme ça sans me dire un mot ! Comment as-tu pu faire une chose pareille ! Et qu'as-tu fait au pauvre George ? Je voulais qu'il vienne avec moi ; mais il s'en est sorti. Je voyais qu'il avait très peur de toi. Seulement fantaisie : il voulait que je ne vienne pas. Comme si [tremblant] j'avais peur de toi, ma chérie. [La gravité de Vivie s'approfondit]. Mais bien sûr, je lui ai dit que tout était réglé et confortable entre nous et que nous étions dans les meilleurs termes. [Elle s'effondre]. Vivie : qu'est-ce que ça veut dire ? [Elle sort une enveloppe commerciale et fouille l'enceinte avec les doigts tremblants]. Je l'ai reçu de la banque ce matin.

VIVIE. C'est mon allocation mensuelle. Ils me l'ont envoyé comme d'habitude l'autre jour. Je l'ai simplement renvoyé pour qu'il soit porté à votre crédit et leur ai demandé de vous envoyer le récépissé de dépôt. À l'avenir, je subviendrai à mes besoins.

Mme WARREN, n'osant pas comprendre. Ce n'était pas suffisant ? Pourquoi tu ne me l'as pas dit ? [Avec une lueur rusée dans les yeux] Je vais le doubler : j'avais l'intention de le doubler. Dis-moi seulement combien tu veux.

VIVIE. Vous savez très bien que cela n'a rien à voir. A partir de ce moment, je continue mon propre chemin dans ma propre entreprise et parmi mes propres amis. Et tu iras à toi. [Elle se lève]. Au revoir.

Mme WARREN [se levant, consternée] Au revoir ?

VIVIE. Oui au revoir. Allons : ne faisons pas une scène inutile : vous comprenez parfaitement. Sir George Crofts m'a tout raconté.

MME WARREN [en colère] Vieille idiote — [Elle avale une épithète, puis devient blanche devant l'étroitesse de son évasion pour la prononcer].

VIVIE. Juste ainsi.

Mme WARREN. Il faudrait lui couper la langue. Mais je pensais que c'était fini : tu as dit que ça ne te dérangeait pas.

VIVIE, fermement] Excusez-moi, ça me *dérange* .

Mme WARREN. Mais j'ai expliqué...

VIVIE. Vous avez expliqué comment cela s'est produit. Tu ne m'as pas dit que ça continue [Elle s'assoit].

[Mme Warren, réduite au silence un moment, regarde tristement Vivie, qui attend, espérant secrètement que le combat soit terminé. Mais l'expression rusée revient sur le visage de Mme Warren ; et elle se penche sur la table, sournoise et pressante, à moitié chuchotant.]

Mme WARREN. Vivie : tu sais à quel point je suis riche ?

VIVIE. Je n'ai aucun doute que vous êtes très riche.

Mme WARREN. Mais vous ne savez pas tout ce que cela signifie ; tu es trop jeune. Cela signifie une nouvelle robe chaque jour ; cela signifie des théâtres et des bals tous les soirs ; cela signifie avoir à vos pieds le choix de tous les gentlemen d'Europe ; cela signifie une belle maison et beaucoup de domestiques ; cela signifie le meilleur choix de manger et de boire ; cela signifie tout ce que vous aimez, tout ce que vous voulez, tout ce à quoi vous pouvez penser. Et qu'est-ce que tu es ici ? Une simple corvée, travaillant et travaillant tôt et tard pour gagner sa vie et deux robes bon marché par an. Réfléchissez-y. [Apaisant] Vous êtes choqué, je sais. Je peux entrer dans vos sentiments ; et je pense qu'ils vous font honneur ; mais croyez-moi, personne ne vous en voudra : vous pouvez me croire sur parole. Je sais ce que sont les jeunes filles ; et je sais que vous y penserez mieux quand vous y aurez réfléchi.

VIVIE. Alors c'est comme ça que ça se passe, n'est-ce pas ? Il faut avoir dit tout cela à bien des femmes pour que ce soit si simple.

MME WARREN (passionnellement) Quel mal est-ce que je vous demande de faire ? [Vivie se détourne avec mépris. Mme Warren continue désespérément] Vivie : écoute-moi : tu ne comprends pas : on t'a mal appris exprès : tu ne sais pas à quoi ressemble vraiment le monde.

VIVIE [arrêtée] J'ai mal enseigné exprès ! Que veux-tu dire?

Mme WARREN. Je veux dire que tu gâches toutes tes chances pour rien. Vous pensez que les gens sont ce qu'ils prétendent être : que la façon dont on vous a appris à l'école et au collège à penser correctement est telle que les choses sont réellement. Mais ce n'est pas le cas : tout cela n'est qu'un prétexte , pour faire taire le commun des gens lâches et serviles. Veux-tu le découvrir, comme les autres femmes, à quarante ans, quand tu t'es jetée et que tu as perdu tes chances ; ou ne veux-tu pas le recevoir en temps utile de ta propre mère, qui t'aime et te jure que c'est la vérité : la vérité de l'Évangile ? [En urgence] Vivie : les grands, les malins, les dirigeants, tous le savent. Ils font comme moi et pensent ce que je pense. J'en connais plein. Je les connais à qui parler, à vous présenter, à qui me faire des amis. Je ne veux rien dire de mal : c'est ça que tu ne comprends pas : ta tête est pleine d'idées ignorantes sur moi. Que savent les gens qui vous ont enseigné sur la vie ou sur les gens comme moi ? Quand m'ont-ils rencontré, ou m'ont-ils parlé, ou laissé quelqu'un leur parler de moi ? les imbéciles ! Auraient-ils fait quelque chose pour vous si je ne les avais pas payés ? Ne t'ai -je pas dit que je voulais que tu sois respectable ? Ne t'ai-je pas élevé pour être respectable ? Et comment peux-tu continuer sans mon argent, mon influence et les amis de Lizzie ? Ne vois-tu pas que tu te tranches la gorge et que tu me brises le cœur en me tournant le dos ?

VIVIE. Je reconnais la philosophie de vie des Crofts, mère. J'ai tout entendu de lui ce jour-là chez les Gardner .

Mme WARREN. Vous pensez que je veux vous imposer ce vieux connard joué ! Non, Vivie : sur mon serment, je ne le fais pas.

VIVIE. Cela n'aurait pas d'importance si vous le faisiez : vous ne réussiriez pas. [Mme Warren grimace, profondément blessée par l'indifférence implicite envers son intention affectueuse. Vivie, ne comprenant pas cela et ne s'en souciant pas, continue calmement] Mère : tu ne sais pas du tout quel genre de personne je suis. Je ne m'oppose pas plus à Crofts qu'à tout autre homme grossièrement bâti de sa classe. Pour vous dire la vérité, je l'admire plutôt parce qu'il est assez fort d'esprit pour s'amuser à sa manière et gagner beaucoup d'argent au lieu de vivre la vie habituelle de chasse, de chasse, de dîner, de couture et de flânerie de son groupe simplement parce que tous les reste, fais-le. Et je suis parfaitement conscient que si j'avais été dans la même situation que ma tante Liz, j'aurais fait exactement ce qu'elle a fait.

Je ne pense pas que j'ai plus de préjugés ou d'étroitesse que vous : je pense que je le suis moins. Je suis certain que je suis moins sentimental. Je sais très bien que la moralité à la mode n'est qu'un faux-semblant , et que si je prenais votre argent et consacrais le reste de ma vie à le dépenser à la mode, je pourrais être aussi inutile et vicieuse que la femme la plus stupide pourrait l'être sans qu'on lui dise un mot. pour moi à ce sujet. Mais je ne veux pas être sans valeur. Je ne devrais pas aimer trotter dans le parc pour faire la publicité de ma couturière et de mon carrossier, ni m'ennuyer à l'opéra pour exhiber une vitrine pleine de diamants.

Mme WARREN [perplexe] Mais…

VIVIE. Attendez un instant : je ne l'ai pas fait. Dites-moi pourquoi vous continuez votre activité maintenant que vous en êtes indépendant. Votre sœur, m'avez-vous dit, a laissé tout cela derrière elle. Pourquoi ne fais-tu pas pareil ?

Mme WARREN. Oh ! c'est très simple pour Liz : elle aime la bonne société et a l'air d'être une dame. Imaginez *-moi* dans une ville cathédrale ! Eh bien, les freux dans les arbres me découvriraient même si je pouvais supporter la monotonie de la situation. Il me faut du travail et de l'excitation, sinon je deviendrais fou et mélancolique. Et qu'est-ce que j'ai d'autre à faire ? La vie me convient : je suis fait pour elle et pas pour autre chose. Si je ne le faisais pas, quelqu'un d'autre le ferait ; donc je ne fais pas vraiment de mal avec ça. Et puis ça rapporte de l'argent ; et j'aime gagner de l'argent. Non : ça ne sert à rien : je ne peux pas y renoncer, ni pour personne. Mais qu'avez-vous besoin d'en savoir ? Je n'en parlerai jamais. Je vais éloigner Crofts. Je ne vous dérangerai pas beaucoup : vous voyez, je dois constamment courir d'un endroit à un autre. Tu seras complètement abandonné quand je mourrai.

VIVIE. Non : je suis la fille de ma mère. Je suis comme vous : je dois avoir du travail et gagner plus d'argent que ce que j'en dépense. Mais mon travail n'est pas votre travail, et ma voie n'est pas la vôtre. Nous devons nous séparer. Cela ne fera pas grande différence pour nous : au lieu de nous rencontrer peut-être quelques mois dans vingt ans, nous ne nous reverrons jamais : c'est tout.

MME WARREN [sa voix étouffée par les larmes] Vivie : Je voulais être plus avec toi : je l'ai effectivement fait.

VIVIE. Cela ne sert à rien, mère : je ne dois pas plus que vous me laisser changer par quelques larmes et quelques supplications médiocres, j'ose le dire.

MME WARREN [sauvagement] Oh, vous trouvez les larmes d'une mère bon marché.

VIVIE. Ils ne vous coûtent rien ; et vous me demandez de vous donner la paix et la tranquillité de toute ma vie en échange. À quoi vous servirait ma société si vous pouviez l'obtenir ? Qu'avons-nous en commun qui pourrait rendre l'un de nous heureux ensemble ?

MME WARREN [parlant imprudemment son dialecte] Nous sommes mère et fille. Je veux ma fille. J'ai droit à toi. Qui prendra soin de moi quand je serai vieux ? Beaucoup de filles m'ont pris comme des filles et ont pleuré en me quittant ; mais je les ai tous laissés partir parce que je devais vous attendre avec impatience. Je me suis retrouvé seul pour toi. Tu n'as pas le droit de te retourner contre moi maintenant et de refuser de faire ton devoir de fille.

VIVIE (choquée et contrariée par l'écho des bidonvilles dans la voix de sa mère) Mon devoir de fille ! Je pensais que nous devrions y arriver maintenant. Maintenant, une fois pour toutes, maman, tu veux une fille et Frank veut une femme. Je ne veux pas de mère ; et je ne veux pas de mari. Je n'ai épargné ni Frank ni moi-même en l'envoyant vaquer à ses affaires. Pensez-vous que je vais vous épargner ?

MME WARREN [violemment] Oh, je sais quel genre vous êtes : aucune pitié pour vous-même ou pour quelqu'un d'autre. *Je* sais. C'est ce que mon expérience a fait pour moi de toute façon : je peux reconnaître la femme pieuse, inclinante, dure et égoïste lorsque je la rencontre. Eh bien, reste pour toi : *je* ne veux pas de toi. Mais écoutez ça. Sais-tu ce que je ferais de toi si tu étais à nouveau un bébé ? oui, aussi sûr qu'il y a un paradis au-dessus de nous.

VIVIE. Étranglez-moi, peut-être.

Mme WARREN. Non : je t'élèverais pour être une vraie fille pour moi, et non ce que tu es maintenant, avec ta fierté et tes préjugés et l'éducation universitaire que tu m'as volée : oui, volée : nie-le si tu peux : qu'est-ce que c'était mais voler ? Je t'élèverais dans ma propre maison, je le ferais.

VIVIE, doucement. Dans une de vos maisons.

MME WARREN [criant] Écoutez-la ! écoutez comme elle crache sur les cheveux gris de sa mère ! Oh, puisses-tu vivre pour que ta propre fille te déchire et te piétine comme tu m'as piétiné. Et vous le ferez : vous le ferez. Aucune femme n'a jamais eu de chance avec la malédiction d'une mère.

VIVIE. J'aimerais que tu ne déclames pas, mère. Cela ne fait que m'endurcir. Viens : je suppose que je suis la seule jeune femme que tu as jamais eue en ton pouvoir et à qui tu as fait du bien. Ne gâchez pas tout maintenant.

Mme WARREN. Oui, le Ciel me pardonne , c'est vrai ; et tu es le seul à m'avoir jamais attaqué. Oh, quelle injustice ! l'injustice! l'injustice! J'ai toujours voulu être une bonne femme. J'ai essayé un travail honnête; et j'ai été conduit par des esclaves jusqu'à ce que je maudisse le jour où j'ai entendu parler d'un travail honnête. J'étais une bonne mère; et parce que j'ai fait de ma fille une bonne femme, elle me traite comme si j'étais un lépreux. Oh, si seulement j'avais ma vie à revivre ! Je parlerais à ce pasteur menteur de l'école. A partir de maintenant, aide-moi, Ciel, dans ma dernière heure, je ferai du mal et rien que du mal. Et je vais prospérer grâce à cela.

VIVIE. Oui : mieux vaut choisir sa ligne et aller jusqu'au bout. Si j'avais été toi, mère, j'aurais peut-être fait comme toi ; mais je n'aurais pas dû vivre une vie et croire en une autre. Vous êtes une femme conventionnelle dans l'âme. C'est pourquoi je vous dis au revoir maintenant. J'ai raison, n'est-ce pas ?

MME WARREN [interloquée] J'ai raison de jeter tout mon argent !

VIVIE. Non : bon de se débarrasser de toi ? Je serais idiot de ne pas le faire. N'est-ce pas vrai ?

MME WARREN [boudeuse] Oh bien, oui, si vous en arrivez là, je suppose que c'est le cas. Mais Seigneur, aide le monde si tout le monde se mettait à faire la bonne chose ! Et maintenant, je ferais mieux de partir plutôt que de rester là où on ne veut pas de moi. [Elle se tourne vers la porte].

VIVIE, gentiment : Tu ne veux pas me serrer la main ?

MME WARREN [après l'avoir regardée férocement pendant un moment avec une envie sauvage de la frapper] Non, merci. Au revoir.

VIVIE, d'un ton neutre : Au revoir. [Mme Warren sort en claquant la porte derrière elle. La tension sur le visage de Vivie se détend ; son expression grave se brise en une expression de contentement joyeux ; son souffle s'échappe dans un demi-sanglot, mi-rire d'intense soulagement. Elle se dirige avec entrain vers sa place à la table d'écriture ; repousse la lampe électrique; il tire une grande liasse de papiers ; et est en train de tremper sa plume dans l'encre lorsqu'elle trouve la note de Frank. Elle l'ouvre avec insouciance et le lit rapidement, riant un peu de quelque tour d'expression pittoresque qu'il contient.] Et au revoir, Franck. [Elle déchire le message et jette les morceaux dans la corbeille à papier sans hésiter. Puis elle se met à son travail en plongeant et s'absorbe bientôt dans ses figures.